INVENTAIRE
F40218

FACULTÉ DE DROIT DE TOULOUSE

DES

DIFFÉRENTES CLASSES D'HÉRITIERS

EN DROIT ROMAIN

DE

L'INSTITUTION CONTRACTUELLE

EN DROIT FRANÇAIS

THÈSE POUR LE DOCTORAT

SOUTENUE

Par Émile MORAND

AVOCAT

TOULOUSE

IMPRIMERIE DE RIVES & FAGET

9, RUE TRIPIÈRE, 9.

1868.

FACULTÉ DE DROIT DE TOULOUSE.

DES

DIFFÉRENTES CLASSES D'HÉRITIERS

EN DROIT ROMAIN

DE

L'INSTITUTION CONTRACTUELLE

EN DROIT FRANÇAIS

THÈSE POUR LE DOCTORAT

SOUTENUE

PAR ÉMILE MORAND

AVOCAT

TOULOUSE

IMPRIMERIE DE RIVES & FAGET

9, RUE TRIPIÈRE, 9.

1868.

S065053 10248

FACULTÉ DE DROIT DE TOULOUSE.

MM. DELPECH, doyen honoraire, en retraite.
CHAUVEAU ADOLPHE, doyen, professeur de Droit Administratif.
RODIÈRE, professeur de Procédure Civile.
DUFOUR, professeur de Droit Commercial.
MOLINIER, professeur de Droit Criminel.
BRESSOLES, professeur de Code Napoléon.
MASSOL, professeur de Droit Romain.
GINOULHIAC, professeur de Droit Français, étudié dans ses origines féodales et coutumières.
HUC, professeur de Code Napoléon.
HUMBERT, professeur de Droit Romain.
ROZY, Agrégé.
POUBELLE et BONFILS, Agrégés.
ARNAULT, Agrégé.

DARRENOUGUÉ, Officier de l'Instruction publique, Secrétaire Agent-comptable.

Président : M. MASSOL.
Suffragants : M. RODIÈRE.
M. MOLINIER.
M. BRESSOLLES.
M. BONFILS, Agrégé.

3.8 68

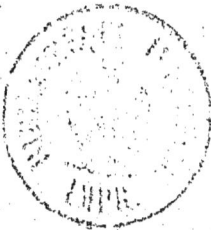

A MON PÈRE, A MA MÈRE.

A MON FRÈRE.

DROIT ROMAIN

Des différentes classes d'héritiers.

Pour avoir une notion complète des différentes classes
d'héritiers, il faut suivre la progression historique du
Droit.

Trois époques principales sont à distinguer : l'ancien
Droit ; le Droit prétorien et le Droit de Justinien.

Nulle part les mœurs n'ont mieux été réfléchies par les
lois.

A l'origine, des règles dures et impératives sur la transmission du patrimoine ; le fils soumis à la puissance
paternelle, l'esclave institué par le maître, deviennent
héritiers à leur insu et malgré eux *nicii* et *inviti*. Si
les biens personnels du fils et de l'esclave, ou plutôt leur
faible pécule ajouté aux biens héréditaires, est insuffisant
pour solder les dettes du défunt, l'héritier encourt l'*infamie*.

C'est aussi l'époque, où le père de famille exerce un
droit de vie et de mort sur toutes les personnes soumises

à sa puissance; où la propriété jalouse du chef exclut tout autre droit de propriété.

Les préteurs vinrent au secours du fils et de l'esclave : que l'esclave demande la séparation des patrimoines, et les créanciers ne pourront exercer de poursuites que sur les biens du testateur; de même que l'enfant *s'abstienne* et *jure prætorio*, il est à l'abri de toute action de la part des créanciers.

Ces changements dans les lois civiles correspondent à un adoucissement notable des mœurs. En fait, la condition des esclaves s'est bien améliorée; la puissance paternelle s'est affaiblie; la *manus* et le *mancipium* tendent à disparaître.

Le Droit prétorien n'avait apporté que des tempéraments à la rigueur du Droit primitif. Justinien introduit des innovations beaucoup plus hardies.

Justinien n'avait plus à compter avec l'ancienne famille romaine dont la constitution avait complètement changé. Les lois à la suite des mœurs avaient apporté des restrictions considérables à la puissance du maître sur l'esclave; la puissance paternelle avait subi des atténuations successives. Le fils a des biens personnels dont il peut disposer; il n'est plus absorbé par la personnalité du père.

L'intérêt historique de la question n'est pas le seul :

De la combinaison des règles du Droit romain sur les héritiers nécessaires et les héritiers volontaires, est né le système intermédiaire français.

Dans notre législation, tout héritier est héritier nécessaire, en ce sens qu'il acquiert l'hérédité dès qu'elle est ouverte, et la transmet à ses propres héritiers, n'eût-il survécu au *de cujus* qu'un instant de raison.

Mais tout héritier est en même temps héritier volontaire; car il peut renoncer à l'hérédité dont il avait été investi à l'ouverture de la succession.

Or, pour l'intelligence de notre système moderne, il est essentiel d'en connaître les origines, et le développement progressif.

Nous traiterons successivement des héritiers nécessaires, siens et nécessaires et des héritiers externes ou volontaires.

L'héritier nécessaire est toujours un héritier testamentaire, c'est l'esclave institué par le maître et qui recueille *ex eodem testamento*, la liberté et l'hérédité.

L'héritier sien et nécessaire est la personne soumise réellement ou par fiction à la puissance paternelle du défunt au moment de sa mort et qui se trouve au premier degré à l'ouverture de la succession.

L'héritier externe est la personne en dehors de la puissance du défunt au moment de sa mort.

Ces deux dernières classes d'héritiers se présentent dans les successions légitimes comme dans les successions testamentaires.

Mais pour l'héritier nécessaire, sien et nécessaire, l'acquisition de la succession se confond avec le moment de l'ouverture.

Quant à l'héritier externe, la succession est ouverte avant qu'elle ne lui soit acquise; il ne l'acquiert que par l'adition.

CHAPITRE PREMIER.

DES HÉRITIERS NÉCESSAIRES.

SECTION Ire.

*Que faut-il entendre par héritier nécessaire? — Con-
dition légale de cette classe d'héritiers dans l'ancien
Droit.*

L'héritier nécessaire est l'esclave institué par le maître,
et qui devient, en vertu du même testament, libre et
héritier à la fois : *ut ex eodem testamento libertatem
simul et hereditatem capiat nec aliundè accepta-
rus* (1).

L'esclave ne peut être institué pour lui-même en tant
qu'esclave ; car il n'existe pas dans le Droit civil : *quod
attinet ad jus civile, servi pro nullis habentur, servi-
tutem mortalitati fare comparamus* (Dig. 30, 17, 52
et 209 f. Ulpien).

Pour que l'institution par le maître soit valable, il faut
préalablement créer la personnalité civile qui manque à
l'esclave, l'investir de la *factio testamenti* passive : *si
sine libertate heres institutus sit, etiamsi postea manumissus fuerit à Domino heres esse non potest, quia
institutio in personá ejus non constitit; ideòque licet*

(1) Doneau. L. VII, ch. 1.

*alienatus sit, non potest jussu domini cernere heredi-
tatem* (C. 2. des Inst. de Gaïus, § 187).

Les anciens jurisconsultes exigeaient même un affranchissement formel : *simul et liber et heres juberi debet,
id est hoc modo ; Stichus servus meus liber heresque
esto, vel heres liberque esto.*

Non-seulement le testateur devait donner à la fois la
liberté et l'hérédité, mais le legs de liberté devait se faire
en termes solennels : *servus meus Cratinus liber esto;
liber sit, Cratinum liberum esse jubeo ;* ce qui ressem-
ble beaucoup au legs *per vendicationem* et implique de
la part de l'instituant le domaine légitime de l'esclave à
l'époque de l'institution et à l'époque du décès.

Mais, sous Justinien, l'institution d'héritier implique
l'affranchissement de l'esclave : *idemque juris est etsi
sine libertate servus heres institus sit* (Inst. de Just.
L. I, t. VI, § II).

S'il est essentiel, jusqu'à Justinien, pour la validité de
l'institution, que l'esclave soit appelé par le même testament à la liberté et à l'hérédité ; il faut de plus pour que
l'esclave devienne effectivement héritier nécesssaire qu'il
recueille *ex ipsomet testamento* la liberté et l'hérédité.

Doneau en explique clairement les motifs :

*Quia fieri potest, ut is servus et heres fiat et liber ;
sed libertatem aliundè vivo adhuc Domino, accipiat ;
puta quia fit a vivo Domino postea manumissus ; vel
quia quid fecerit eorum propter quæ servi pro præmio
libertatem accipiunt et acciperit. Quidquid horum
inciderit, servus necessarius fieri non potest ; scilicet
quia servus desinens esse in potestate testatoris, fit*

testatori heres extraneus, extraneorum autem conditio hæc est ut ne sint necessarii (1).

Ainsi, que l'esclave soit affranchi entrevifs, et au décès
du testateur, il sera héritier volontaire avec les différences radicales que nous aurons à signaler entre l'héritier nécessaire et l'héritier volontaire.

Il en est de même si l'esclave est affranchi, en vertu de
l'engagement qu'en a pris le testateur.

L'esclave est encore héritier volontaire : *si servus hac
lege emptus sit pure, ut manumitteretur intrà certum
diem et postdiem sit ab emptore heres institutus; aut
si is servus pecunia sua emptum sit, aut si servo
fideicommissa data sit libertas, et heres hunc eumdem servum cum libertate heredem reliquerit* (2).

Par suite des mêmes principes, si l'esclave a été institué sous une condition encore à réaliser au décès du testateur, et qu'au moment de la réalisation de la condition,
l'esclave ne soit plus *in hereditate*, il n'est point héritier
nécessaire. Le jurisconsulte Tryphoninus rapporte un
singulier cas d'application de cette règle : un esclave avait
été institué sous condition, *cum libertate*; le testateur
périt de mort violente avant la réalisation de la condition, et l'esclave *necem domini detexit*: le préteur
décide qu'il a mérité la liberté. *Etsi postea*, dit Tryphoninus, *conditio existerit, aliundè liber est, id est ex
premio, non est testamento : igitur non est necessarius Domino heres, licet autem ei volenti adire* (L. 90,
Dig. *De hered inst*).

(1) Doneau, L. VII, ch. 1.
(2) Doneau, L. VII, ch. 1. t 4

L'esclave peut être héritier nécessaire d'une personne qui ne l'aura jamais eu en sa puissance ; ce cas se présente lorsque le père de famille substitue pupillairement à son enfant son propre esclave, cet esclave devient héritier nécessaire de l'impubère qui ne l'a jamais eu sous sa puissance ; cela peut s'expliquer de deux manières.

Dans un premier système, l'hérédité du fils n'est qu'une dépendance de l'hérédité du père ; il n'y a en réalité qu'une seule hérédité. (*Neratius L. 59 D. de adquir. vel omitt. hereditate.*)

Dans un second système il y a deux hérédités ; mais identité de testament, la substitution pupillaire n'est qu'une disposition du testament paternel.

L'esclave a pu encore être institué purement et simplement, et affranchi sous condition, ou au contraire affranchi purement et simplement et institué sous condition.

Dans les deux cas l'effet de la disposition pure et simple est retardé tant que la condition est en suspens.

Mais la disposition pure et simple ne devient pas conditionnelle : lorsque la condition a été mise à l'institution, dès qu'il est certain que la condition ne se réalisera pas l'esclave acquiert la liberté.

Lorsque l'affranchissement est conditionnel, l'institution pure et simple ressort à effet, si l'esclave est aliéné du chef du nouveau maître, et bien que la condition mise à l'affranchissement soit défaillie.

Lorsque l'esclave régulièrement institué, est encore dans le domaine du maître à l'ouverture de la succession, l'hérédité et la liberté lui sont acquises en même temps, par la toute-puissance du testateur : *sive velit, side nolit protinus liber et necessarius heres fit.*

Cette toute-puissance du testateur fait aussi qu'il n'y a pas à distinguer, si l'esclave est pubère ou impubère, sain d'esprit ou en démence.

Étant expliqué, quels sont les héritiers nécessaires et à quelles conditions on est héritier nécessaire, reste à déterminer les effets légaux de cette institution.

L'héritier devient le continuateur de la personne du défunt : *nostris videtur legibus unam quisdam modo esse personam heredis et ejus qui in eum transmittit hereditatem.* (Nov. 48 Praef.) (1).

Et cette unité de personne est poussée jusque dans ses conséquences les plus rigoureuses :

Si le pécule de l'esclave ajouté aux biens héréditaires est insuffisant, pour désintéresser les créanciers, la honte de cette faillite pèse sur l'héritier.

La *venditio bonorum* est poursuivie sur la tête de l'héritier et la mémoire du défunt ne subit ainsi aucune atteinte.

C'est en vain que Sabinus protestait contre l'ignominie infligée à l'héritier nécessaire ; l'opinion contraire prévalut : *alio jure utimur*, dit Gaïus.

Tel était d'ailleurs le but originaire des Romains lorsqu'ils instituaient leur propre esclave.

Le citoyen qui laissait une succession grevée d'un passif supérieur à la valeur des biens héréditaires, n'avait pas le plus souvent d'héritier : personne ne se présentait

(1) M. Massol.

pour accepter sa succession. Les créanciers devaient alors faire vendre les biens au nom du défunt qui n'avait pas de successeur. Mais le défunt était constitué ainsi en un état de faillite injurieux pour sa mémoire.

Ces institutions étaient devenues si fréquentes, elles faisaient si bien partie des mœurs romaines que la loi *OElia Sentia* fit exception pour ce cas particulier de ses prohibitions générales.

Les Romains avaient en outre d'autres motifs de s'assurer un héritier testamentaire.

Profondément superstitieux, la continuation des *sacra* leur paraissait mieux assurée.

Enfin le droit de tester à Rome était une conquête.

Si la condition de l'héritier nécessaire était dure et désavantageuse, il faut cependant remarquer que d'esclave il devenait libre.

Mais le préteur vint améliorer la condition de cette classe d'héritiers.

SECTION II.

Du Bénéfice de Séparation.

L'esprit inventif des préteurs avait imaginé le bénéfice de séparation, ou la séparation des patrimoines, dans l'intérêt des créanciers; ce même bénéfice fut ouvert aux héritiers nécessaires.

En Droit strict, les biens et les dettes du défunt se confondraient avec les biens et les dettes de l'héritier si le défunt était solvable, et que l'héritier eut au contraire un passif supérieur à son actif, cette confusion profitait aux créanciers de l'héritier, mais constituait en perte et pouvait même ruiner les créanciers du défunt.

Par la séparation des patrimoines, aucune confusion ne s'opère entre les biens du défunt et les biens de l'héritier; le défunt est réputé vivant ou ressuscité; les choses se passent comme s'il était réellement en vie.

Pour profiter de ce bénéfice, les créanciers devaient se faire envoyer en possession des biens du défunt par une demande collective et, par une autre demande collective contre l'autre masse des créanciers invoquer la séparation des patrimoines. Après qu'il avait été fait droit à leur demande par décret du préteur, on procédait à la vente des biens du défunt, et le prix en était payé par préférence aux créanciers du *de cujus*.

Ce même avantage fut accordé à l'héritier nécessaire par le droit prétorien.

L'héritier nécessaire, comme les créanciers, devait adresser sa demande au préteur, et dans les provinces, au président; mais il fallait qu'il se fût abstenu de toucher aux biens de la succession, *scilicet si non attigerit bona patroni.*

Le mineur cependant, en invoquant son inexpérience, aurait pu se faire relever de son immixtion : « plane si fuerit minor annis qui se miscuit, etiam huic paratum est auxilium edicti, beneficio aetatis ut restitui possit, quo habeat bonorum suorum separationem » (1).

_____

(1) Doneau, tit. VII. ch. 1, t. 4, l. 7, § 5, *de minoribus.*

Bien qu'en droit strict, l'esclave fut toujours héritier nécessaire et tenu des dettes *in infinitum*, la séparation, *jure prætorio*, entre les biens du défunt et les biens de l'héritier était complète.

Les poursuites des créanciers étaient bien dirigées contre l'héritier, mais restreintes aux biens héréditaires.

Quant aux biens de l'esclave, qu'ils eussent d'ailleurs été acquis avant ou après l'affranchissement, ils restaient sa propriété incommutable.

Non-seulement l'esclave conserve ses biens; mais il peut se faire payer de ses créances contre le maître : « Sciendum est necessarium heredem servum cum libertate heredem institutum, impetrare posse separationem, scilicet et si non attigerit bona patroni, in eâ causâ sit, ut ei quidquid posteà adquisierit separatio, sed et si qaid ei à testatore debetur. (L. 1, § 18, D., *de sexuria*, 42-6.)

Il ne faut cependant pas croire que l'esclave puisse exercer, contre la succession du maître, tout droit de créance; la créance née du vivant du maître n'est qu'une créance naturelle : « et tamen non potuit ei deberi a domino nisi naturaliter; quandoquidem hæc obligatio inter dominum et servum consistere potuit : actio inter eos nasci non potest. Qui potest igitur hic servus petere sibi dari, cujus perequendi causa non habuerit actionem? Non actione utitur heres, dùm hujus debiti separationem postulat; sed utitur adversus creditores, bonorum sibi quæstorum retensione, quæ bona negat, se aliâ conditione permittere debere creditoribus, quam si de hoc debito sibi satisfactum sit. Sufficit autem ad exceptionem et retentionem obligatio naturalis » (1).

Il est reconnu, dit M. Massol, que l'esclave traitant avec son maître acquiert une créance naturelle : « si quod dominus servo debuit, manumisso solvit, quamvis existimanus ei si reliquâ teneri actione, tamen repetere non poterit, quia naturale agnovit debitum (l. 64, Dig. *de conditione indebitti*) (2)

Pour que l'héritier puisse se faire payer par voie d'action de la créance qu'il a contre l'hérédité, pour la pleine application de ce texte et *si quid ei a testatore debetur*, il faut supposer que le maître a été institué par un tiers à la charge d'un legs au profit de l'esclave, *si liber factus fuerit*; la condition étant réalisée, l'esclave, si le legs est fait *per vendicationem*, peut distraire l'objet à son profit, et s'il est *per damnationem*, concourir avec les créanciers de l'héridité sur le prix de la vente.

Si l'esclave ne doit pas être en perte, il serait également injuste qu'il s'enrichît au détriment des créanciers.

Ainsi les biens qui proviennent à l'esclave *ex causâ hereditaria* sont soumis à l'action des créanciers. Gaïus fait, à ce sujet, l'hypothèse suivante : un maître qui avait deux esclaves a fait de l'un un Latin-Junien, et de l'autre un héritier nécessaire.

Le Latin-Junien a pu acquérir des biens postérieurement à son affranchissement, et décéder après son patron ;

(1) Duneau, L. VII, ch. II.
(2) Oblig. naturelle, p. 173.

ces biens reviennent à titre de pécule à l'héritier nécessaire, *pertinent tanquam peculium ad heredem patroni*
(Gaïus, III, f. 58 *in fine*).

Mais l'héritier nécessaire ne peut conserver ces biens ;
à raison de leur origine, ils sont soumis à l'action des
créanciers.

CHAPITRE II.

DES HÉRITIERS SIENS ET NÉCESSAIRES

SECTION I.

Les héritiers siens et nécessaires sont les personnes
soumises réellement ou par fiction à la puissance paternelle du défunt au moment de sa mort, et qui se trouvent
au premier degré au moment de l'ouverture de la succession.

Les personnes réellement soumises à la puissance
paternelle du *de cujus*, sont les enfants et les descendants par mâles qui n'ont pas été émancipés.

Et les personnes qui sont censées sous la puissance
paternelle sans y être en réalité, sont les posthumes siens.

Il faut en outre, que ces personnes soient au premier
degré ; c'est-à-dire qu'un petit enfant pour venir à la succession *ab intestat* de son aïeul, *opus est ut pater quoque ejus, vivo patre suo, desierit suus heres esse, aut
morte interceptus aut quâlibet ratione liberatus potestate.*

2

Et s'il s'agit d'une succession testamentaire, le fils doit avoir été exhérédé par le père.

Mais le fils exhérédé devient héritier nécessaire *per nepotem* (l. 6, §. 5. Dig. *de adq. vel omit. heredi- tate*).

Les conditions ci-dessus sont faciles à justifier :

Il faut d'abord qu'ils aient été soumis à la puissance du *de cujus* au moment de sa mort : « potestas est enim quæ facit nacessarios ; non alii autem necessarii in libe- ris, quam qui sui imo liberi ideo necessarii quia sui (1).

Il faut, en outre, qu'ils soient enfants du *de cujus* : « proptereà quod possunt et alii heredes esse in potestate morientis et iidem necessarii, ut tamen non sint sui, tantum ideo, quia non sunt ex liberis defuncti : qualis est servos à domino institutos » (2).

Il faut enfin qu'ils soient au premier degré, car avant d'être héritier sien, il faut être héritier : *ut enim sint heredes sui, prius est ut sint heredes* (3).

Mais ce n'est pas au moment de la mort qu'il faut se placer, pour juger quel est l'héritier du premier degré ; l'ouverture de la succession qui est souvent reportée bien après le décès du *de cujus*, est la seule époque qui fixe définitivement la position des héritiers.

Les mots *sui* et *necessarii* ne sont pas synonymes ; ils ont chacun un sens particulier.

Des commentateurs, entre autres Ducaurroy, rappor-

(1) Doneau, titre III, chap. 2, t. IV.
(2) *Ibid.*
(3) *Ibid.*

tent cependant les deux épithètes au testateur ; le mot *suus* comme le mot *necessarius* exprime dans ce système la subordination des héritiers, la puissance paternelle du défunt.

Mais cette interprétation est inadmissible. Le texte dit formellement que les héritiers siens et nécessaires sont leurs propres héritiers, « sed sui quidemheredes ideo appellantur quià domestici heredes sunt et vivo quoque patre quodam modo, domini existimantur. (*Inst. de Just.*, l. II, t. XIX, §. 2.)

Les Instituts de Justinien n'ont fait d'ailleurs que continuer la tradition historique.

A l'origine, la propriété individuelle n'existait pas ; les biens appartenaient à la famille, chacun des membres était co-propriétaire, le chef n'avait qu'un large pouvoir d'administration.

Il n'était pas permis de disposer par acte de dernière volonté, car le testament dépouille la famille bien plus qu'il ne dépouille le testateur.

Même après la révolution sociale qui reconnut la faculté absolue de tester : « uti legassit super pecunia, tutela ve suæ rei, ita jus esto (*Loi des douze tables*), la famille continua à être considérée comme prorpriétaire avec le chef.

Lors donc que le chef venait à mourir, les membres de la famille recueillaient leur propre hérédité, se succédaient à eux-mêmes bien plus qu'ils ne succédaient à leur auteur ; ils étaient en un mot leurs propres héritiers, *sui heredes.*

D'ailleurs si le mot *suus* se rapportait au chef, et exprimait la subordination des héritiers, la même qualification conviendrait aussi à l'héritier nécessaire.

Mais on objecte dans le système opposé que l'expression *sui* appliquée aux postumes, ne saurait cependant signifier son propre postume.

Que les petits ne sont jamais non plus co-propriétaires s'ils ont leur père.

Il est facile de réfuter ces objections :

Postume sien ne veut pas dire son propre postume; mais doit s'entendre en ce sens que l'*enfant* sera *héritier sien.* Le mot sien, ici encore, au lieu de se rapporter au *pater familias* concerne donc exclusivement le postume lui-même.

De même l'expression *sui* appliquée aux petits enfants signifie que les petits enfants sont héritiers siens comme les enfants du premier degré, seulement *sous cette condition* : « *utpater quoque eorum, vivo patre suo desierit suus heres esse, aut morte interruptus aut qualibet ratione liberatus potestate.* »

L'héritier sien est en même temps héritier nécessaire; il est héritier, *sive velit, sive nolit,* par la volonté toute puissante du défunt.

Sans distinguer donc si l'héritier sien et nécessaire est pubère ou impubère, sain d'esprit ou en démence, il acquiert l'hérédité à l'instant même où elle est ouverte.

Il est le continuateur de la personne du défunt, avec toutes les conséquences qui en découlent.

Il est tenu de dettes *in infinitum.*

Le défunt est-il insolvable, les créanciers font saisir les

biens, et l'héritier encourt l'infamie par la *venditio bonorum.*

La seule différence qu'il y ait donc entre l'héritier nécessaire et l'héritier sien et nécessaire; c'est que le premier tient toujours cette qualité d'un testament, et le *suus*,
soit de l'institution du père de famille, soit de la loi :
*suos heredes partim jusfacit, partim voluntas testato-
ris.*

En outre le père de famille aurait pu instituer le *suus*
sous condition potestative de la part de l'enfant, ce qui le
rangeait dans la troisième catégorie, parmi les héritiers
volontaires : *hoc præstat lex duodecim tabularum quæ
uti quisque legasset rei suæ, itâ jus esto....,*

Le préteur, nous l'avons vu, avait dans l'intérêt des héritiers nécessaires fait fléchir la rigueur des principes.

Il devait également améliorer la condition des héritiers
siens et nécessaires.

L'esclave retirait toujours de l'institution du maître un
grand bienfait; il devenait libre, tandis que la transmission forcée de la qualité d'héritier n'avait que des conséquences désastreuses pour le *suus* lorsque le père de famille mourait insolvable.

SECTION II.

Du Bénéfice d'Abstention.

Le préteur vint au secours du *suus*, comme il était
venu au secours de la première classe d'héritiers.

Le bénéfice qui a reçu dans l'usage le nom de béné-

fice d'abstention eut pour objet de remédier aux résultats
injustes que nous venons de signaler : *his prætor permit-
tit abstinere se ab hereditate.*

L'héritier n'avait même pas de demande à adresser au
préteur : ne point s'immiscer, ne faire aucun acte d'héritier était la seule condition essentielle pour y avoir droit.

Le mineur cependant malgré des actes d'immixtion,
aurait pu se faire restituer en entier et s'abstenir ensuite
de l'hérédité.

Le *suus* devait cependant déclarer qu'il entendait rester étranger à l'hérédité : *dicit retinere hereditatem nolle*
et ce qui le prouve, dit Doneau, quod si filius suus heres
ignorat se heredem esse, decesserit, nihil hominûs hereditatem transmittit ad *heredes suos* (L. 3, c. *de Jure deliberandi.*)

Mais si l'héritier avait détourné quelque objet de la
succession il eut en vain invoqué le bénéfice d'abstention
« si quis suus se dicat retinere hereditatem nolle, aliquid
autem amoverit aut amovendum curaverit, edictum lo-
cum habeat; ut qui eorum quid fecit abstinendi benefi-
cium non non habeat.» (L. 71, §. 4, *de adqui vel hereditate.*)

Et il n'y aurait pas lieu en pareil cas de distinguer entre le majeur et le mineur : *neque hic quidquam patro-
cinabitur impuberi ætas: impuberes per quos id factum sit abstinendi facultatem non habere* (Doneau ;
l. VII, ch. II l. XX, § II, *de heredit pet.*)

Le bénéfice d'asbtention n'était pas exclusivement réservé aux enfants et descendants : la femme *in manus*
pouvait l'invoquer, ainsi que la bru qui était sous la *ma-*

nus du fils ; elles étaient, en effet, *loco filiæ*, *loco neptis*.

Mais il est plus difficile à expliquer qu'il fût ouvert à l'homme *in mancipio* ; car l'homme libre, donné en mancipation, est partout assimilé à l'esclave et jamais au fils de famille.

Cette assimilation ne peut se comprendre que par l'adoucissement du sort fait à l'homme *in mancipio*. Cette puissance particulière sur un homme libre finit même par disparaître, ainsi que la *manus*.

Étant expliqué, sous quelles conditions et à qui profite le bénéfice d'abstention, reste à en déterminer les effets :

En Droit strict, l'héritier sien et nécessaire continue la personne du défunt avec toutes les obligations qui en découlent, mais *jure prætorio*, le *suus*, abrité derrière le bénéfice d'abstention, ne peut être actionné par les créanciers.

Si les créanciers se font envoyer en possession des biens, la *venditio bonorum* est poursuivie sur la tête du défunt.

Le *suus* n'encourt pas l'infamie, mais le défunt est constitué en *un état de faillite* injurieux pour sa mémoire.

Si l'héritier a quelque action contre le *de cujus propter peculium castrense, aut quasi castrense*, il peut l'exercer : « Si filius hic posteà se abstineat confusas actiones ei restitui oportere : ut vel retineat ipse debitum suum, si conveniatur à creditoribus paternis : vel agere volens concurrat cum aliis creditoribus suo ordine, ut si in eo herele, qui sub beneficio inventarii hereditatem adivit. »

Si l'héritier sien et nécessaire qui s'abstient a des cohéritiers, ceux-ci sont appelés à prendre la part de l'abstenant, *qui semel aliquâ ex parte heres extiterit, deficientium partes etiàm invitus excipit* : chacun des héritiers est en effet appelé à l'*universum jus*, mais le concours de droits rivaux amène le partage *concursu partes fiunt*.

On avait admis, cependant, que l'héritier qui s'était déjà immiscé et lié ainsi volontairement pour une part dans les dettes correspondant à sa part héréditaire, pouvait répudier pour le tout, si ses cohéritiers s'abstenaient ensuite : « Cùm hereditate patris necessarius heres se abstineat, conditio coheredi, sive suo, sive extraneo defertur, ut aut totam agnoscat, aut à totà recedat, et ità se abstinere potest propter alium qui per suam personam, non poterat. » (L. 55, *De Adq. vel omitt. hereditate.*)

Mais si les créanciers s'engageaient à ne demander à l'héritier que les parts de dettes dont il était déjà tenu, la renonciation n'était pas possible, l'héritier recueillait tout l'actif et tenait compte du passif dans la mesure dont il était tenu en principe.

En cas de substitution vulgaire, l'abstention donnait ouverture au droit du substitué.

Si l'abstenant n'avait ni co-héritier ni substitué, la succession *ab intestat* était ouverte *jure praetorio*, par l'effet de l'abstention.

Le *suus* pouvait d'ailleurs revenir sur son abstention : *donec res paternæ in eodem statu permanent; cum nondùm bona venierint vel a sequente herede, vel a creditoribus.*

Justinien fixa un délai après lequel il n'était pas permis de revenir sur l'abstention ; ce délai était de trois ans, à partir de la déclaration d'abstention.

Le bénéfice d'abstention présente des analogies avec la séparation des patrimoines. Ces deux institutions sont cependant différentes au fond et dans la forme :

1° L'héritier nécessaire doit demander au préteur le bénéfice de séparation ;

2° Le *suus* n'a aucune demande à faire : *sufficit se non miscuisse hereditati;*

3° Par la séparation des patrimoines, l'action des créanciers est limitée aux biens successoraux ; mais dans cette mesure elle est dirigée contre l'héritier nécessaire ;

4° Le bénéfice d'abstention met le *suus* à l'abri de toute poursuite de la part des créanciers héréditaires;

5° La *venditio bonorum* est faite sur la tête de l'héritier nécessaire, et il en subit le déshonneur ;

6° Si l'héritier est un *suus,* la vente est poursuivie sur la tête du défunt qui est ainsi constitué en un état de faillite injurieux pour sa mémoire.

CHAPITRE III.

DES HÉRITIERS EXTERNES.

Pour plus de clarté, nous diviserons la matière et nous étudierons successivement : 1° Ce qu'il faut entendre par héritier externe ; 2° L'option qui leur est ouverte entre l'adition ou la répudiation de l'hérédité ; 3° A quel moment on peut accepter ou répudier ; 4° Quelles sont les conditions intrinsèques de l'adition ou de la répudiation ; 5° Les formes et les effets de la répudiation ; 6° Les formes et les effets de l'adition ; 7° Et nous terminons par le nouveau bénéfice introduit par Justinien : le bénéfice d'inventaire.

SECTION Ire

Que faut-il entendre par héritiers externes?

L'héritier externe est celui qui se trouve en dehors de la puissance du testateur au moment de sa mort : *cœteri qui testaris juri subjecti non sunt extranei heredes appellantur* (*Inst. de Just.*, L. II, tit. XIX, § 3).

On l'appelle également héritier volontaire, parce qu'il est libre d'accepter ou de répudier l'hérédité.

Ainsi sont compris dans cette troisième catégorie : les esclaves aliénés ou affranchis du vivant du testateur, ou qui sont devenus libres avant l'ouverture de la succession ; l'esclave d'un tiers ; tous les collatéraux du testateur ; les descendants émancipés ou qui ne sont pas d'une manière quelconque, *aliquâ ratione,* sous la puissance du *de cujus.*

La femme n'a que des héritiers externes ainsi que l'ascendant maternel.

La succession est acquise aux héritiers des deux premières classes, au moment même de l'ouverture ; ils sont héritiers *inscii et inviti.* Mais avec des héritiers volontaires, le moment de l'acquisition ne se confond point avec le moment de l'ouverture ; la succession est ouverte, c'est le moment de la délation ; la succession n'est acquise que plus tard par l'adition.

La distinction entre l'hérédité déférée et l'hérédité acquise a le plus haut intérêt pratique; si l'héritier externe meurt ou est frappé de l'incapacité de recevoir avant d'avoir fait adition, il n'a rien acquis et il ne saurait rien transmettre à ses propres successeurs.

Ainsi, que l'*extraneus* soit appelé à une succession légitime, il ne suffit pas qu'il soit vivant et capable au moment de l'ouverture de la succession, il faut encore qu'il conserve cette capacité jusqu'au moment de l'adition.

S'il s'agit d'une succession testamentaire, la capacité légale d'être institué la *factio testamenti* passive, doit exister à trois époques distinctes :

Au moment de la confection du testament, *testamenti quidem, ut constiterit institutio*, disent les Institutes de Justinien, si l'institué n'avait pas le *factio testamenti*, à cette époque, le testament serait vicié dans son principe et ne saurait ressortir à effet.

L'histoire nous donne l'explication de cette disposition rigoureuse que n'a pas admise le Droit français.

Avant que la faculté de tester fût reconnue à Rome, on avait recours au moyen détourné d'une vente *per æs et libram*, pour transmettre l'hérédité. Or, pour intervenir dans la mancipation comme *emptor familiæ*, il fallait nécessairement avoir le *jus commercii*, d'où découle la *factio testamenti* passive.

Les formes du testament changèrent, ce ne fut même

plus au fond une mancipation de l'hérédité; mais comme il arrive souvent, l'effet survécut à la cause.

S'il faut que l'institué ait la *factio testamenti* au moment de l'institution, il n'est pas nécessaire qu'il ait le *jus capiendi*.

La *factio testamenti* doit exister encore au moment de la délation, *ut effectum habeat*, dit le texte.

La *factio testamenti* doit enfin exister à une troisième époque, au moment de l'adition : *Nam jus heredis eo maximè rel tempore insipiciendum est quo adquirit hereditatem (Inst. de Just. L. II. tit. XIX, § IV.)*

Mais reste à considérer deux temps intermédiaires : 1° La période qui s'écoule entre la confection du testament et l'ouverture de la succession; 2° La période comprise entre la délation et l'adition.

Les changements d'état et de capacité sont indifférents pendant le premier intervalle *media tempore inter factum testamentum et mortem testatoris vel conditionem institutionis existentem mutatio juris heredi non nocet. (Institut. de Just. L. II, tit. XIX, § IV.)*

C'est là un principe constant en Droit romain. L'institution ne donnait en effet à l'institué qu'une simple espérance, aucun droit n'était encore ouvert à son profit.

Mais le même changement survenu dans la seconde période, après l'ouverture de la succession, fait perdre définitivement le droit à l'hérédité; la capacité doit se maintenir sans interruption depuis l'ouverture jusqu'à l'adition.

SECTION II.

De l'option ouverte à l'héritier externe ou volontaire.

L'héritier externe n'avait dans l'ancien Droit que l'alternative d'une adition ou d'une répudiation pure et simple, *adeunda vel non adeunda hereditas.*

Le parti pris par l'*extraneus* était irrévocable, à moins que l'auteur de l'adition ou de la répudiation ne fut un mineur de 25 ans, auquel cas il pourait être restitué en entier par le préteur.

Il eut été par trop rigoureux de contraindre l'héritier à faire une option immédiate et irréfléchie : car l'un ou l'autre parti entraînait des conséquences d'une extrême gravité.

Aussi la loi n'avait-elle fixé aucun délai fatal à l'héritier pour prendre qualité.

Des tiers nombreux étaient cependant intéressés à la prompte cessation de toute incertitude sur le sort de l'hérédité.

Pour obliger indirectement l'héritier à faire son option sans trop de retard on imagina divers moyens; entr'autres mesures concourant à ce but, nous signalerons les suivantes :

La qualité de *bonorum possessor* pouvait être utile à celui qui avait déjà le titre d'héritier, et pour jouir des deux il ne fallait pas laisser passer le délai de cent jours ou d'un an ; la *bonorum possessio* eut été inutilement demandée plus tard.

Un tiers possesseur pouvait usucaper, même sans bonne foi, tout ou partie de la succession, et cette *usucapion* particulière s'accomplissait par le délai d'un an sans distinguer entre les meubles et les immeubles ; « quod voluerunt veteres, dit Gaïus, maturius hereditates adiri, ut essent qui sacra facerent, quorum illis temporibus summa obserattio fuit, et ut creditores haberent à quo suum consequerentur. »

Enfin les substitués les légataires et les créanciers pouvaient obliger l'héritier à prendre qualité à déclarer *an heres sit.*

Pour mettre un terme certain à la cessation de toute incertitude, et prévenir toute difficulté, le testateur avait soin le plus souvent de déterminer à son héritier un délai dans lequel il devait prendre parti. Cette institution particulière s'appelait institution *cum cretione* : un jurisconsulte allemand définit la *crétion* : La disposition du testateur qui fixe un délai à l'héritier pour prendre parti (1).

Gaïus a donné l'étymologie du mot crétion : *cretio appellata est quià cernere est quasi decernere et constituere.*

La crétion se subdivisait en crétion continue et crétion vulgaire, dans la crétion continue, le délai fixé qui était ordinairement de 100 jours, commençait à courir au moment de la déclaration et n'était interrompue par aucun obstacle.

La formule de cette institution était ainsi conçue : *he-*

(1) Puchta, t. III, p. 257, *Cours d'Institutes.*

res Titius esto, cernitoque in centum diebus proxi-
mes, quodni ità creveris, exheres esto.

Dans la crétion vulgaire le délai donné à l'héritier ne
commençait à courir que le jour où il saurait la succession ouverte et pourrait prendre parti, on comptait en un
mot par jours utiles et non par jours continus.

Mais le testateur devait ajouter les mots « quibus scies
poterisque, la formule était ainsi conçue : Titius heres
esto ; cernitoque in centum diebus proximis quibus scies
poterisque ; quodni ita creveris exheres esto. »

La crétion vulgaire était beaucoup plus usitée : « quià
tamen altera cretio dura est, hæc magis in usu habetur.»

Il y avait encore une autre espèce d'institution impro-
prement appelée institution *cum cretione* ; car elle ne
prescrivait aucun délai fatal à l'héritier pour accepter ou
répudier : on l'appelait aussi crétion imparfaite.

La crétion fut supprimée en 407 par une constitution
d'Honorius et d'Arcadius insérée au code. (C. 6 30 17.)

Lorsque l'*extraneus* était un héritier légitime, ou testamentaire institué *sine cretione*, il n'avait aucun délai fatal avons-nous dit pour prendre qualité. Mais on reconnut aux substitués, aux légataires, aux créanciers, le
droit d'obliger l'héritier à prendre qualité, à déclarer *an
heres sit.*

Le préteur accorda alors à l'*extraneus* un délai pour
délibérer *si tempus ad deliberandum petet dabo*, dit
le texte de l'édit. (Dig 28, 8, 1. § 1.)

L'héritier lui-même bien qu'il ne fût pas pressé par les
créanciers ou le substitué, pouvait demander aussi un
délai pour délibérer. (L. 1, *de jure deliberandi*).

Le *suus* fut également admis à demander un délai pour délibérer, et pendant ce délai il était sursis à la vente des biens.

Ce délai était ordinairement de cent jours ; Justinien le fit porter à neuf mois : l'héritier pouvait même obtenir le délai d'un an ; mais il fallait s'adresser à l'empereur.

Au cours de ce délai l'héritier n'était pas tenu de prendre qualité ; il avait une exception dilatoire contre les créanciers et les légataires : votre prétention peut être fondée, leur répond-il, ou ne pas l'être ; mais c'est une question que nous discuterons plus tard, si j'accepte la succession.

Si l'héritier est héritier testamentaire avec substitution, le droit du substitué est en suspens, et à défaut de substitution, celui des héritiers légitimes : *paternæ res in eodem statu permanent.*

Mais à l'expiration du délai l'héritier était réputé renonçant, à moins qu'il n'eût pris qualité plus tôt ; en ce qui concerne les créanciers. Gaïus dit en effet : «Solet prætor postulantibus hereditariis creditoribus tempus constituere, intra quod, si velit adeat hereditatem; si minus, ut liceat creditoribus bona defuncte vendere. (L, XXII, § 15, C. De jure delib. c. 30.)

De même en ce qui concerne les substitués, en cas de succession testamentaire, l'institué est réputé renonçant à l'expiration du délai accordé pour délibérer « expectamus in singulis ut prius eis deferatur hereditas; tunc deinde, posteaquàm delata est, expectamus diem præstitutum : intrà quem nisi aut adeat, aut pro herede gerat, denegamus ei actiones. » (Liv. 69, *Dig.*, *De adq. vel omitt. hereditatem.*)

Enfin, si l'héritier décédait pendant le délai accordé pour délibérer, il n'avait rien acquis et ne pouvait rien transmettre à ses héritiers.

Mais des constitutions impériales s'écartèrent des anciens principes.

Théodose et Valentinien décidèrent que le descendant émancipé qui mourait avant l'ouverture des tables, transmettait à ses enfants le droit de faire adition.

Justinien généralisa les exceptions et décida par une constitution au Code, que si l'héritier mourait pendant le délai pour délibérer, il transmettait à ses héritiers quelconques la faculté de faire adition à sa place. (L. 19, C. — 6-30 : *De jure deliberandi.*)

Justinien changea aussi radicalement les effets de l'expiration du délai accordé pour délibérer. Dans le Droit nouveau, si l'héritier n'a pas renoncé dans le délai, il est réputé acceptant : « Si non intrà datum tempus recusaverit hereditatem, omnibus in solidum debitis hereditariis teneatur. (L. 22, § 14, C. *De jure deliberandi.*) » (6, 30).

SECTION III.

A quel moment peut-on accepter ou répudier l'hérédité?

L'adition ou la répudiation est nulle tant que la succession n'est pas ouverte.

Il est même rationnellement impossible d'accepter ou de répudier plus tôt.

S'il s'agit d'une succession légitime, la délation est retardée jusqu'au moment où il est certain que le défunt n'aura pas d'héritier testamentaire : « quùm quæritur an quis heres existere possit, eo tempore quærendum est, quo certum est aliquum . sine testamento decessisse. » (*Inst. de Just.*, III, t. I, § 7.)

S'il s'agit d'une succession testamentaire, la succession est ouverte au décès lorsque l'institution est pure et simple. Si l'institution est conditionnelle, dès que la condition est réalisée.

Auguste, dans les *lois caducaires*, voulant multiplier les chances de caducité du testament, retarda la délation de la succession jusqu'à l'ouverture des tables.

Justinien ramena sur ce point la législation à l'ancien Droit.

Le S. C. Silanien avait défendu, lorsqu'un père de famille mourait de mort violente, d'ouvrir le testament, et dans le cas d'hérédité *ab intestat*, d'accepter la succession, avant que les esclaves eussent été mis à la question.

Les édits sanctionnèrent la règle : « Ne quis adeat bonorum ve possessionem petat, antequàm quæstio de familià habeatur, ne heres propter compendium suum familiæ facinus occultaret non aliàs bona publicantur. » (L. 5, § 2, Dig., *De senatus consulto Silaniano et Claudiano.*)

SECTION IV.

Conditions intrinsèques de l'adition et de la répudiation.

En principe, l'héritier appelé à l'hérédité doit accepter ou répudier en personne ; la représentation n'est pas admise.

A Rome, en effet, comme dans l'enfance de tous les peuples, un acte juridique était toujours entouré d'un certain symbolisme.

On s'habitua à considérer le fait symbolique comme générateur du Droit lui-même : Cette première confusion faite, il parut impossible de faire naître le Droit au profit d'un autre que celui qui avait accompli les formalités prescrites.

Il fut ainsi reçu qu'un citoyen ne pouvait être représenté par un autre.

Ce système fut battu en brèche par les préteurs, par les jurisconsultes.

Aussi, pour les actes du droit des gens, il fut admis de bonne heure qu'on pouvait en confier le soin à des procureurs, à des gérants d'affaires.

Mais l'adition et la répudiation étaient au nombre des *actus legitimi*, pour lesquels on maintint le principe de la non représentation.

Ainsi, le tuteur était incapable d'accepter ou de répudier au nom de son pupille; le curateur à la place du *furiosus*.

Tant que le pupille est *infans*, impossible de le faire intervenir, car, pourrait-il prononcer mécaniquement les paroles prescrites, il n'a encore aucune intelligence de l'acte qu'il accomplit *nullum intellectum*. Serait-il même *infanti proximus* que son intelligence est encore trop faible.

Cependant une interprétation plus favorable prévalut *propter utilitatem*, qui validait l'adition ou répudiation faite par l'*infanti proximus* avec l'*auctoritas tutoris*, venant compléter la personne incomplète du pupille.

Quant au *pubertati proximus*, il n'a pas encore le *plenum animi judicium;* mais il a déjà quelque intelligence; aussi fut-il admis de tout temps qu'il pourrait accepter ou répudier sous l'assistance de son tuteur.

Le curateur ne pouvait accepter ni répudier au nom du *furiosus*.

Il n'y avait qu'un seul moyen de faire recueillir l'hérédité au *furiosus*, lorsque la folie ne laissait aucun intervalle lucide : ce moyen consistait à faire accepter par les personnes soumises à la puissance du *furiosus*, sous le *jussus* du curateur.

Quant au prodigue interdit, on n'avait pas vu d'inconvénient à lui permettre d'accepter ou de répudier par sa seule volonté.

Le sourd-muet qui avait l'intelligence de ses actes pouvait accepter *pro herede gerendo*, ou répudier par la manifestation de la volonté contraire.

L'hérédité testamentaire déférée aux personnes *alieni juris* ne pouvait être acceptée que du chef de l'institué. Ainsi, le maître n'aurait pu faire adition pour l'esclave; et si l'esclave avait refusé de faire *adition*, il était impossible au maître d'acquérir l'hérédité.

Il en est de même pour le fils de famille, quand le père acquiert par son intermédiaire.

Mais l'esclave, le fils de famille, ne pouvait faire adition que sur l'ordre du maître, qui « in alienâ potestate, non potest invitum hereditati obligare eum, in cujus ut potestate, ne æri alieno pater obligaretur » (Fr. 6, Ulpianus, 29-2, Dig.)

L'ordre, le *jussus* du *patris familias* devait même être spécial et persévérant jusqu'à l'adition. Si le maître était mort, ou s'il avait été atteint de folie dans l'intervalle du *jussus* à l'adition, l'esclave, le fils de famille aurait fait une adition nulle.

Mais on s'écarta de la rigueur des anciens principes.

Théodose et Valentinien permirent au tuteur d'accepter ou de répudier pour le pupille *infans*.

Par analogie de motifs, quelques jurisconsultes admettaient le curateur à accepter ou à répudier pour le *furiosus*, mais Justinien leva tous les doutes et autorisa expressément le curateur à demander pour lui la *bonorum possessio*.

Non-seulement l'héritier, en principe, doit accepter en personne, mais il doit avoir connaissance de l'ouverture de la succession.

Il doit savoir en outre s'il est héritier testamentaire ou

héritier légitime, *sciat testatum*, *intestatumve obiisse et se ei heredem esse.*

Ces conditions générales ne sont point suffisantes.

Est-il héritier testamentaire, il doit savoir s'il est institué du premier ou du second degré ; s'il est institué purement et simplement ou sous condition, auquel cas il doit être bien édifié sur la condition, *scientia exigitur conditionis, qualis qualis sit conditio*, dit Cujas.

L'adition ou répudiation est inutile, lorsque l'héritier est dans l'erreur sur ces circonstances (Fr. 22, Paul, Dig., 29-2, *De adq. vel omitt. hereditate.*)

De même, si l'héritier fait adition en vertu d'un testament qu'il croit valable alors qu'il ne l'est pas, ou à l'inverse d'un testament qu'il croit sans efficacité alors qu'il est valable ; l'adition ou la répudiation, intervenue dans ces circonstances, n'engage pas l'*extraneus*.

« Nec is qui non valere testamentum aut falsum esse putat repudiare potest. (Fr. 17, 29-2, Ulp., *De adq. vel omit hereditate*). »

Mais sur ce point encore on s'écarta de la rigueur des principes et des textes nombreux au Digeste valident l'adition faite par l'héritier qui croit la condition mise à l'institution moins onéreuse qu'elle ne l'est en réalité et réciproquement.

On admit même que l'adition était valable, bien que l'héritier ignorât la condition mise à l'institution.

On valida enfin l'adition faite par un héritier qui ignore la part à laquelle il est appelé (Frag. 5, Paul : *Si pars hereditatis petatur*, 5-4.)

SECTION V.

De la répudiation de l'hérédité.

La répudiation est l'acte par lequel l'héritier repousse l'hérédité qui lui est offerte.

La répudiation n'était soumise à aucune solennité. *L'extraneus* n'avait qu'à manifester sa volonté de rester étranger à l'hérédité; et cette volonté pouvait se traduire soit *verbis*, soit *litteris*, s'induire du silence même de l'appelé : « Recusari hereditatem non tantùm verbis, « sed etiam re potest, et alio quovis indicio voluntatis. » (Paul. Sent. 4-4-1. — Dig. 29-2-95.)

Omittere hereditatem signifiait laisser passer le délai accordé par le préteur pour délibérer. A l'expiration de ce délai, *l'extraneus* était réputé renonçant.

Sous Justinien l'expiration du même délai emporte au contraire acceptation.

Mais si *l'extraneus* est un héritier testamentaire institué avec crétion, pour rester définitivement étranger à la succession, il ne suffit pas de renoncer *nudâ voluntate*.

L'expiration seule du délai accordé à l'héritier pour prendre parti, l'écarte irrévocablement de la succession. Toute autre renonciation n'engage en rien l'institué.

La répudiation régulièrement faite est irrévocable. Mais si la répudiation émane d'un institué qui est en même temps appelé comme institué vulgaire; *l'extraneus* peut accepter en cette seconde qualité après avoir renoncé au premier titre. De même la renonciation faite comme substitué, n'emporte pas renonciation comme héritier légitime

Toutefois, et pour empêcher la fraude, l'institué qui accepterait comme héritier légitime, devrait acquitter les legs mis à la charge de l'institution.

Mais la répudiation faite comme héritier légitime sachant qu'on est institué, emporte renonciation en cette double qualité. L'hérédité légitime ne s'ouvre, en effet, que lorsqu'il est certain qu'il n'y a pas d'héritier testamentaire ; par suite, celui qui répudie l'hérédité légitime, a dû au préalable renoncer tacitement à la succession testamentaire ouverte avant tout autre.

L'irrévocabilité de la répudiation ne concernait pas les mineurs de vingt-cinq ans. Toutes les fois qu'ils avaient éprouvé quelque préjudice par suite de leur inexpérience, le préteur leur accordait une *restitutio in integrum*.

SECTION VI.

De l'adition d'hérédité.

L'adition est l'acte par lequel un héritier externe manifeste l'intention d'accepter la succession qui lui est offerte.

Cette expression heureuse, *ire ad hereditatem*, indique que l'acceptation est volontaire ; il faut que l'*extraneus* vienne à l'hérédité ; alors que l'héritier nécessaire, sien et nécessaire acquièrent l'hérédité à leur insu et malgré eux, *sive velint, sive nolint*.

Il existe cependant un cas d'adition forcée :

L'héritier fiduciaire qui refusait de faire adition : « *si* recuset scriptus heres adire hereditatem, ob id quod dicat eam sibi suspectam esse, quasi damnosam, » était, en vertu du senatus-consulte Pégasien, obligé, sur a demande du fideicommissaire et par ordre du préteur *jussu praetoris*, de faire adition pour restituer à ce dernier.

Mais, en pareil cas, le fiduciaire n'était nullement obligé par cette acceptation : « Quo casu nullis stipulationibus opus est, quia simul et huic qui restituit, securitas datur, et actiones hereditariae ei et in eum transferuntur qui receperit hereditatem. » (Inst. de Just., § 6, 7 ; II, 23, *de fideic. hered.*)

Dans le plus ancien Droit, l'adition d'hérédité était entourée de formalités symboliques.

Mais de bonne heure, la solennité de l'acceptation fut réservée pour le cas particulier d'une institution *cum cretione*.

Et la déclaration d'héritier elle-même prit le nom de crétion (1).

La formule de cette acceptation était ainsi conçue : « Quod me Publius Titius testamento suo heredem instituit eam hereditatem adeo cernoque. »

Cette adition devait se faire avant que le délai accordé par le testateur pour prendre parti fut expiré.

Ce délai était fatal, et l'*extraneus* qui l'avait laissé passer était définitivement étranger à la succession.

On distingue deux autres espèces d'adition ;

(1) Puchta, t III, *Cours d'Institutes.*

1° Par déclaration formelle, écrite ou verbale, *verbis aut litteris;*

2° Par déclaration tacite : acte d'héritier qui fait supposer l'intention d'accepter, *pro hærede gerendo.*

Si la déclaration était verbale, elle devait être faite en présence de témoins, ainsi que le rapportent Varron et Cicéron (1).

Quant à l'adition *pro hærede gerendo,* elle n'opère jamais au-delà de l'intention de l'*extraneus.*

Ainsi, des mesures conservatoires ne sauraient emporter acceptation ; ni des actes de disposition, lorsqu'ils sont urgents et commandés par les circonstances.

Le doute même sur l'intention de l'héritier devait s'interpréter en sa faveur.

Mais un acte qui ne peut être fait que par l'héritier emporte nécessairement adition.

L'adition ordinaire devait intervenir avant que le délai accordé pour délibérer fût expiré. A l'expiration de ce délai, l'*extraneus* était réputé renonçant ; mais Justinien décide, au contraire, qu'il est réputé alors avoir accepté.

Dans tous les cas, l'adition doit être pure et simple.

Si l'héritier avait fait adition pour partie, elle s'étendrait à l'*universum jus,* et nous allons en donner bientôt l'explication.

L'adition doit enfin être librement consentie.

Le mineur de vingt-cinq ans peut se faire relever de l'acceptation, qui est en principe irrévocable.

---

(1) Puchta, t. III, *Cours d'Institutes.*

Reste à déduire les conséquences de l'adition.

Nous nous bornerons aux effets généraux ; cette question est d'ailleurs incidente à notre sujet et nous entraînerait beaucoup trop loin.

Par l'adition, l'héritier externe devient le continuateur de la personne du défunt : « Nostris videtur legibus, unam quodam modo esse personam heredis, et ejus qui in eum transmittit hereditatem. » (Nov. 18, *pref.*) (1).

Si l'institution comprend plusieurs institués, chacun a vocation au tout ; car de même qu'on ne peut vivre en partie, de même on ne peut être en partie la continuation d'une personne ; *sed concursu partes fiunt.* (2.)

Les parts vacantes viennent à l'acceptant, la portion accroît à la portion, *qui semel aliquid ex parte heres extiterit deficientium partes etiam invitus excipit.* (Fr. 57, § 1 (29-2) Dig.)

Mais les lois caducaires modifièrent profondément le droit d'accroissement.

A l'égard des légataires, l'adition consolide leur droit. En effet, si l'hérédité n'est pas acceptée, tous les legs s'évanouissent.

L'héritier étant le successeur de la personne du défunt devenait débiteur personnel des créanciers héréditaires. Mais il ne pouvait être actionné que dans la mesure de sa part héréditaire.

Lorsque l'héritier était insolvable, la confusion des biens du défunt et de l'héritier pouvait ruiner les créan-

(1) M. Massol
(2) M. Massol.

ciers. Pour obvier à cet inconvénient, le préteur imagina la séparation des patrimoines qui faisait revivre juridiquement le défunt.

L'adition était irrévocable : par l'adition, l'héritier revêt en effet la personalité du défunt, qui devient la sienne propre ; or on ne peut au bout d'un certain temps se dépouiller de sa personnalité (1).

L'adition n'a point d'effet rétroactif ; tel est du moins le système qui parait avoir triomphé et qu'adopte Justinien dans ses Instilutes.

L'hérédité elle-même est réputée avoir soutenu la personne du défunt, *vicem personœ hereditas sustinet*.

Mais sous le bénéfice de cette fiction, la personne du défunt est continuée sans interruption.

La fiction que l'hérédité soutient la personne du maitre n'avait pas été poussée dans ses dernières conséquences ; si le droit stipulé par l'esclave héréditaire nécessite l'existence actuelle d'une personne physique, la stipulation était inutile. Ainsi la stipulation d'un usufruit, d'un usage ne profitait pas à l'héritier. Un pareil legs était au contraire valable, parce qu'il n'est pas de la nature du legs d'entrer dans le patrimoine du bénéficiaire avant le *dies cedit*, tandis que le droit qu'engendre une stipulation est fixé à l'instant même.

(1) M. Massol

SECTION VII.

Du bénéfice d'inventaire.

L'*extraneus* n'avait d'autre alternative que l'adition ou la répudiation, avec des conséquences de part et d'autre extrêmes.

Justinien, par une heureuse innovation qui a passé dans notre législation moderne, permit à l'héritier volontaire de prendre un parti intermédiaire, *licet eis adire hereditatem et in tantum teneri quantùm valere bona hereditatis.* (Inst. de Just., L. II, tit. XIX, §. VI.)

Justinien a sur ce point tenu la promesse faite dans la *proœmium* des Instituts ; il a brièvement exposé les origines de ce bénéfice que les commentateurs ont appelé bénéfice d'inventaire :

« Sciendum tamen est, divum Hadrianum etiàm ma- « jori viginti quinque annis veniam dedisse, cum post « aditam hereditatem grande æ alienum quod aditæ he- « reditatis tempore latebat, emersisset. Sed hoc quidèm « Divus Hadrianus speciali beneficio præstitit. Divus au- « tem Gordianus posteà in militibus tantùm modò hoc « extendit. » (Inst. de Just., liv. II, t. XIX, §. VI.)

Quant au premier exemple indiqué dans ce passage des Instituts, il est impossible de voir là autre chose qu'une *restitutio in integrum* exceptionnelle.

Mais lorsque Gordien étend à tous les militaires la faveur de n'être tenu des dettes qu'à concurrence des for-

ces de la succession, ce privilége renferme bien le germe
du bénéfice d'inventaire.

C'est par la loi appelée ordinairement loi *scimus* que
Justinien étendit à tous les citoyens de l'empire l'avantage
réservé auparavant aux militaires.

Mais en généralisant ce bénéfice, Justinien en formule
les règles.

La première condition était de faire dresser un inventaire en présence d'un *tabellarius*, et les créanciers légataires devaient aussi y être appelés.

Cet inventaire devait être commencé au plus tard dans
les trente jours et terminé dans les soixante jours, à partir du moment où l'héritier avait eu connaissance de
l'ouverture de la succession.

Les frais d'inventaire et les frais funéraires étaient à
la charge de l'hérédité.

Pendant les délais pour faire inventaire, l'héritier a
une exception dilatoire contre les créanciers et légataires ;
il n'a pas à discuter le mérite des actions intentées contre
lui ; c'est absolument le même principe qui a été posé
dans l'art. 174 du Code de Procédure civile.

Le patrimoine de l'héritier reste distinct du patrimoine
du défunt ; l'héritier peut exercer ses droits de créance
contre la succession, et de même ses dettes personnelles
ne sont pas éteintes par confusion.

L'héritier n'est, à l'égard des créanciers et légataires,
qu'un administrateur comptable ; c'est en cette qualité
qu'il répond au paiement des dettes *intrà vires bonorum.*

Il paie les créanciers à mesure qu'ils se présentent.

Les créanciers ou légataires qui se présentent après l'apurement des comptes n'ont de recours que contre les créanciers ou légataires payés avant eux et sous bénéfice d'une cause de préférence.

L'acceptation sous bénéfice d'inventaire était définitive, comme l'acceptation pure et simple.

Le bénéfice d'inventaire n'a pas remplacé, dans le droit de Justinien, le délai pour délibérer. Mais ces deux bénéfices n'ont pas été cumulés, *ut ex hac causâ neque deliberationis auxilium fiat eis necessarium.* (Inst. de Just., l. II, tit. XIX, § VI.)

Les héritiers n'avaient qu'à opter entre l'inventaire qui emportait acceptation bénéficiaire et la demande d'un délai pour délibérer sur l'adition ou la répudiation pure et simple.

Pour favoriser sa nouvelle institution, Justinien décida qu'à l'expiration du délai accordé pour délibérer, l'héritier était tenu des dettes *in infinitum.*

Pour retenir *la quarte falcidie* il fallait également avoir fait inventaire.

DROIT FRANÇAIS

De l'institution contractuelle.

Avant d'exposer la théorie de l'institution contractuelle, nous rechercherons ses origines et ses caractères
généraux dans l'ancien Droit.

Il sera évidemment plus facile de déterminer le sens
des dispositions obscures, quand nous saurons ce qu'elles
signifiaient dans l'ancienne jurisprudence et comment
elles sont entrées dans notre législation.

Nous étudierons ensuite successivement : 1° La nature
et les caractères de l'institution contractuelle dans le
Code Napoléon ; 2° Qui peut instituer et au profit de qui
peut être faite l'institution ; 3° Les bornes de l'institution
contractuelle ; 4° Ses effets par rapport à l'institution et
par rapport à l'institué ; 5° Quelles sont les causes de
révocation et de caducité d'une institution régulière ; 6° A
quelle époque s'ouvre l'institution.

Dans le cadre restreint de cette étude ressortira clairement la liaison intime de notre Droit avec le passé; la nécessité d'éclairer les lois par l'histoire (1).

APERÇU HISTORIQUE.

L'origine de l'institution contractuelle a été jusqu'à nos jours vivement controversée.

Les uns, en plus grand nombre, attribuaient à la disposition qui fait l'objet de cette étude une origine romaine; de Laurière, suivi par Merlin : une origine féodale

Avant de montrer que l'institution contractuelle procède de notre Droit national primitif, nous chercherons à réfuter les systèmes opposés.

SECTION Ire.

Divers systèmes sur l'origine de l'institution contractuelle.

Dans un premier système, on rattache, disons-nous, l'institution au Droit romain.

Les pactes successoires étaient cependant prohibés à Rome, ils auraient entravé la faculté de tester, consacrée par la loi des Douze Tables *uti legassit super pecunia tutela ve sue rei, ita jus esto.*

Les Romains attachaient une grande importance à ne

---

(1) Montesquieu, *Esprit des lois*

pas mourir *intestat ;* la continuation des *sacra* leur paraissait mieux assurée.

A ce motif religieux s'ajoutait un motif politique. Ce
droit de tester à Rome était une conquête.

Tous les obstacles à la faculté de tester furent écartés
et les pactes successoires furent frappés de nullité absolue, *sancimus omni modo hujus modi pacta* (l. 30, c.
de Pactis.)

Ces sortes de conventions avaient paru, en outre, aux
Romains, dangereuses et immorales : *Nobis hujus modi
pactiones odiosœ videntur et plenœ tristissimi et pe-
riculosi eventus* (l. 30, c. *de Pactis.*)

Sans donner plus de développement à ces observations
générales sur les principes du Droit romain, voyons pour
lever tous les doutes, comment furent accueillies des dispositions qui se rapprochaient de l'institution contractuelle.

Sous l'empire de Dioclétien et de Maximien, une
femme convint par contrat de mariage, que son mari
recueillerait, à son décès, tous les biens paraphernaux ;
mais les empereurs consultés sur la validité de cette
clause, en prononcèrent la nullité dans la sentence suivante : *hereditas extraneis testamento datur. Cum
igitur affirmas dotali instrumento pactum interposi-
tum esse, vice testamenti, ut post mortem mulieris,
bona ejus ad te pertinerent, quæ dotis titulo tibi non
sunt obligata, intelligis nulla te actione posse conve-
nire heredes seu successores ejus, ut tibi restituantur
quæ nullo jure debeuntur.* » (Loi 5, c. *de pactis con-
ventis super dote.*)

Par suite du même principe, Valère et Galien annulè-
rent, en 267, la promesse d'égalité faite par un père à sa
fille dans son contrat de mariage.

Sous le Bas-Empire on admit cependant le partage anticipé d'une succession entre les héritiers présomptifs :
« *Nisi si forte de cujus hereditate pactum est, volun-
tatem suam eis accomodaverit, et in ea usque ad exter-
num vitæ spatium perseveraverit.* »

Mais l'irrévocabilité de l'institution contractuelle exclut
toute assimilation avec ce partage anticipé révocable jusqu'à la mort de l'ascendant.

La loi 19 au code (1) : « Voluntas militum quæ super
ultimo vitæ spiritu, deque familiari rei decreto quoquo
modo contemplatione mortis scripturam deducitur, vim
postremi judicii obtineat, » contiendrait-elle le germe de la
donation de biens à venir ?

Tel a été le système de plusieurs jurisconsultes.

Mais la convention successoire dont il est question dans
la loi précitée n'est au fond qu'un double testament con-
tenu dans un même acte.

Les militaires n'étaient tenu, en effet, à aucune solennité pour tester, leur volonté persévérante jusqu'à la
mort était la seule condition nécessaire pour la validité
de leur testament.

La loi 19 fut d'ailleurs promulguée par Dioclétien et
Maximien.

Or, la sentence rendue par ces empereurs témoigne bien

(1) 19 C., *de Pactis.*

qu'ils maintinrent les anciennes prohibitions sur les pactes successoires.

Bien plus tard, au neuvième siècle, Léon le philosophe, dans la Novelle 19, autorise et sanctionne la promesse faite par un père en mariant sa fille de la réserver à sa succession.

C'est bien là une institution contractuelle restreinte toutefois du père au fils.

Mais les Novelles de Léon n'ont été connues en France, qu'en 1560 ; or, longtemps avant, la donation de biens à venir avait passé dans nos coutumes.

Les Novelles de Léon, dit de Laurière, après Cujas et Jacques Godefroy, n'ont presque point été observées ni regardées comme lois dans l'Orient, elles n'ont été même bien lues et connues dans l'Occident, que par la traduction qui en a été donnée longtemps après la rédaction et la réformation de nos coutumes.

Il faut donc chercher ailleurs le germe de l'institution contractuelle.

Serait-elle d'origine féodale ?

D'après de Laurière reproduit par Merlin (1), les rédacteurs du *livre des fiefs*, Géradus Niger et *Obertus de Orto*, à une époque où l'on enseignait publiquement le Droit romain, ayant remarqué que les soldats pouvaient s'instituer l'un l'autre contractuellement, auraient assimilé à des soldats tous les possesseurs de fiefs qui étaient, en effet, tenus du service militaire, et leur auraient accordé par suite la faveur de se faire des héritiers par contrat,

_____

(1) T. XV, *Répertoire de jurisprudence.*

puis on aurait étendu insensiblement aux successions ordinaires, un usage introduit, d'abord uniquement pour les hérédités militaires ou féodales, et toute personne noble ou roturière put disposer de tout son patrimoine par contrat de mariage.

Nous ne réfuterons pas longuement ce système qui est erroné dans son principe, hypothétique et arbitraire dans ses déductions.

Il a été démontré, en effet, que la donation de biens à venir était contraire aux principes du Droit romain, et que les soldats eux-mêmes ne pourraient s'instituer l'un l'autre contractuellement.

On ne pouvait donc, par analogie, étendre aux possesseurs de fiefs, une faveur que n'avaient pas les soldats eux-mêmes.

S'il est vrai qu'au moyen âge, ces dispositions ont été plus usitées entre nobles, l'explication en est facile :

A cette époque, la donation de biens à venir n'avait plus lieu que par contrat de mariage, et les nobles seuls furent pendant longtemps dans l'habitude de rédiger par écrit leurs conventions matrimoniales. En fait, les nobles seuls pratiquèrent et conservèrent l'institution contractuelle ; mais, en Droit, ces sortes de dispositions étaien permises à tous indistinctement.

Lorsque les contrats de mariage ne furent généralisés entre roturiers, la donation de biens à venir reprit cet caractère d'utilité générale qui en a fait en quelque sorte une institution du droit des gens.

L'institution contractuelle est d'ailleurs bien antérieure à la rédaction du Livre des fiefs. Elle remonte à nos origines nationales. Nous allons immédiatement en fournir la preuve.

Origine germanique de l'institution contractuelle.

Le plus ancien recueil de législation où se trouve adoptée l'institution contractuelle est la loi salique.

Le titre XLXIII *de affatomiæ* en formule les rites primitif et les effets.

Ce texte intéressant est ainsi conçu :

« Hoc convenit observare, ut Tunginus vel centenarius
« mallum indicent et scutum in ipso mallo habeant : et
« tres homines causas tres demandare debent in ipso
« mallo, et requiratur posteà homo qui ei non pertinet et
« sic festucam in laisum jactet et ipsi in cujus laisum fes-
« tucam jactaverit, dicat verbum de fortunâ suâ, quantum
« ei voluerit dare. Posteà ipse, in cujus laisum festucam
« jactaverit, in casâ ipsius manere, et hospites tres sus-
« cipere et de facultate suâ, quantù ei datur, in postes-
« tate suâ habere debet et posteà ipse cui creditum est,
« ista omnia cum testibus collectis agere debet posteà
« aut antè regem aut in malo legitimo illi, cui fortimam
« suam deputavit reddere debet ; et accipiat posteà festu-
« cam in malo ipso ante duodecim menses ipse quem
« heredem deputavit, in laisum suum jactet, et nec
« minus nec majus, nisi quantum ei creditum est, et si
« contra hoc aliquid dicere voluerit, debent tres testes
« jurati dicere, quod ibi fuissent in mallo, ubi Tunginus
« vel centenarius indixerunt, et quod vidissent hominem

« illum qui fortunam suam dedit in laisum illius, quem
« jàme legerat festucam jactare, et nominare illum debent,
« qui fortuuam suam in laisum electi jactavit, necnon
« et illum, in cujus laisum festucam jactavit et
« heredem appellavit similiter nominent, et alteri
« tres testes jurati debent dicere, quod in casà illius
« hominis, qui fortunam suam donavit, ille in cujus lai-
« sum festucam jactavit, ibidem manisset et hospites
« tres vel amplius collegisset et pavisset et ei ibidem gra-
« tias egissent, et in Beudo suo pultes manducassent, et
« testes collegisset ista omnia alii tres testes jurati
« dicere debent, quoniam in mallo legitimo vel ante
« regem ille qui accepit in laisum suum fortunam in
« mallo publico, hoc est ante Theada vel Tunginum
« fortunam illam, quem heredem appellavit, publice
« coram omnibus festucam in laisum ipsius jactet et hæc
« omnia novem testes debent adfirmare. »

Les formalités symboliques de *l'affatomia* présentent
deux caractères saillants.

1° Le donnateur se dessaisit et enssaisine le donataire
par l'intermédiaire d'un tiers.

Les héritiers devaient intenter contre ce dernier, s'il y
avait lieu, les actions ayant pour objet de faire annuler
la disposition.

S'ils gardaient le silence pendant une année, la disposition n'était plus rescindable.

Ce consentement des héritiers était une conséquence
du *condominium* ou propriété collective des membres de
la famille.

2° Il faut enfin, et principalement remarquer que la

disposition était irrévocable : *si contrà hoc aliquid dicere voluerit, tres testes... dicant quod...*

Mais la donation de biens à venir n'était pas exclusivement propre aux Francs-Saliens; les Francs-Ripuaires
l'admettaient aussi.

« Si quis procreationem filiorum vel filiarum non
« habuerit omnem facultatem in præsentiâ regis, sive vir
« mulieri, vel mulier viro, seu cuicumque libet de proxi-
« mis vel extraneis adoptare in hereditatem, vel adfa-
« timi per scripturam seriem, seu per traditionem, et
« testibus adhibitis secundùm legem Ripuariensem licen-
« tiam habeat. » (Tit. 48 de la loi Ripuire.)

Il n'est plus question, dans la loi Ripuaire, du forma-
lisme barbare de *l'affatomie*. Mais l'explication en est
facile : ce recueil est postérieur de deux siècles à la loi
salique et témoigne partout d'une civilisation beaucoup
plus avancée.

Le texte de loi Ripuaire ouvre au disposant deux
modes de transmission : la tradition et la *scripturarum
series*.

Il est vrai que par *scripturarum series* des jurisconsultes ont entendu le testament.

Mais la faculté de tester n'existait pas chez les peuples
d'origine germanique, *Heredes tamèn successores que
sui cuique liberi; et nullum testamentum*, dit Tacite.

La faculté de tester était incompatible avec le *condominium* ou propriété collective de la famille.

Le testament, d'ailleurs, n'a aucune analogie avec la
disposition autorisée par la loi Ripuaire.

Le testament est, en effet, unilatéral révocable, alors

que l'acte juridique de la loi Ripuaire implique le concours de deux volontés et l'irrévocabilité de la disposition.

D'autres jurisconsultes n'ont vu, dans le texte précité, qu'une formule d'adoption. Mais il est impossible d'admettre qu'il fût permis au mari d'adopter la femme et à la femme d'adopter le mari, *sive vir mulieri, vel mulier viro.*

Adoptare in hereditatem est une locution correspondante à l'*heredum deputare* de la loi salique.

Les Lombards, et généralement tous les peuples d'origine germanique, usaient de ce mode de transmission.

Avant d'en suivre la transformation, nous tracerons sommairement ses caractères généraux et ses effets juridiques.

SECTION III.

Caractères et effets de l'institution contractuelle dans le plus ancien Droit.

Au moyen de l'*affatomia* chez les Francs-Saliens, de la *scripturarum series* chez les Ripuains, la propriété du patrimoine de l'instituant passait sur la tête de l'institué.

L'instituant n'était plus qu'un détenteur pécuniaire, un administrateur du bien d'autrui.

Il ne pouvait les aliéner qu'à raison d'une extrême misère.

Les acquisitions ultérieures faites par le donateur s'incorporaient aux biens donnés.

Les héritiers auraient vainement invoqué pour ces nouveaux biens la règle : *Don sans saisine* ne vaut ; car la saisine, pour tous indistinctement, remontait au moment de la disposition.

Cet acte juridique présente donc, par son actualité et son irrévocabilité, les caractères distinctifs de la donation entre vifs, avec cette différence que les biens à venir étaient compris dans la disposition et en augmentaient l'émolument.

La disposition entre vifs était d'ailleurs le seul mode d'aliéner à titre gratuit chez les Germains : *nullum testamentum*.

Cette unité de disposition permet plus facilement de déduire les autres caractères de la donation de biens à venir.

1° Le donataire est saisi à l'instant même de tout le patrimoine.

Néanmoins les héritiers qui n'avaient pas consenti à l'institution pouvaient l'attaquer pendant une année.

Nonobstant la survivance du donateur, le donataire transmet à tous ses héritiers indistinctement les biens compris dans l'institution.

2° Le droit d'accroissement entre institués n'existe point.

3° Le donataire n'est pas tenu des dettes *in infinitum*, parce qu'il ne continue pas la personne du défunt; l'héritier légitime est le seul qui puisse être actionné à ce titre.

Mais l'institué est obligé envers les créanciers *intra*

vires bonorum. Toute universalité active répond en effet de l'universalité passive.

Tels sont les caractères généraux de la donation de biens à venir dans la première période de l'histoire de notre Droit.

SECTION IV.

De l'institution contractuelle, d'après les capitulaires et pendant la féodalité.

Cherchons à suivre la trace de l'institution contractuelle dans la période suivante :

Le plus ancien recueil, après la loi Salique et la loi Ripuaire qui autorise et sanctionne la donation de biens à venir, est un capitulaire de Charlemagne :

« Qui filios non habuerit et alium quemlibet heredem
« facere sibi voluerit, coràm rege, vel comite, vel scabi-
« nis, vel missis dominicis, qui tunc ad justitias facien-
« das in provinciâ fuerint ordinati traditionem faciat. »
(De l'an 805, cap. IV, § 7.)

Ce texte a d'étroites ressemblances avec la loi prérappelée des Francs-Ripuaires.

Seulement, la présence du roi n'est plus obligatoire. L'institution peut se faire *coram rege, vel comite, vel scabinis, vel missis dominicis.*

En second lieu, il n'est plus question que d'un seul mode d'institution contractuelle *per traditionem.*

Charlemagne aurait-il supprimé la *scripturarum series?* De nombreux jurisconsultes l'ont consigné. Nous pensons, au contraire, que le capitulaire a uniquement pour objet d'harmoniser les lois anciennes avec une nouvelle situation politique.

Le capitulaire rappelle en même temps un des modes d'institution, mais n'exclut pas l'autre.

Il est toujours certain que l'institution contractuelle était en usage au neuvième siècle.

S'il a été apporté quelques changements dans la forme, le fond est resté le même : l'institution opère, comme par le passé, le dépouillement actuel irrévocable du disposant. Les membres de la famille doivent adhérer à la donation.

Des chartes nombreuses attestent que toute aliénation d'un propre nécessitait l'adhésion des héritiers, et dans certaines coutumes leur dessaisine.

Il paraît même que le droit de co-propriété de l'héritier présomptif fut renforcé au neuvième siècle.

De Maillard, dans son commentaire sur l'art. 74 de la coutume d'Artois, dit en effet :

« Cette formalité de n'aliéner son héritage patrimonial
« que du consentement de l'héritier apparent, est un
« reste de l'usage introduit au neuvième siècle, de ne re-
« connaître valable aucune aliénation de fonds faite par
« le propriétaire, à moins qu'elle ne fût accompagnée du
« consentement du conjoint de l'aliénant, s'il était marié,
« et de ses enfants s'il en avait. »

La féodalité accueillit à son tour, avec faveur, l'institution contractuelle, qui permit de mieux assurer le service des fiefs et de maintenir la fortune dans les familles.

« Les fiefs étant héréditaires, dit Montesquieu, les seigneurs qui devaient veiller à ce que le fief fût servi, exigèrent que les filles qui devaient succéder aux fiefs, et je

crois quelquefois les mâles, ne pussent se marier sans
leur consentement. De sorte que les contrats de mariage
devinrent pour les nobles une disposition féodale et une
disposition civile. Dans un acte pareil, fait sous les yeux
du seigneur, on fit des dispositions pour la succession
future, dans la vue que ce fief pût être servi par les héritiers. » (*Esprit des lois*, liv. XXXI, chap. 34.)

C'est aussi à cette époque que s'opéra un changement
important dans les formes de l'institution contractuelle.

La *scripturarum series* se spécialise *au contrat de
mariage* et devient le seul mode d'institution.

Après que les familles se furent dispersées sur le sol de
la Gaule, il fut impossible d'obtenir le consentement de
tous les héritiers à l'aliénation de l'héritage patrimonial.

Mais dans le Droit germanique et coutumier, le contrat de mariage était l'œuvre de la famille tout entière (1).

Par suite, l'institution intervenue par contrat de mariage, fut réputée faite en présence et du consentement
de tous les héritiers.

Et dès le treizième siècle, le contrat de mariage était le
seul mode d'institution contractuelle. L'institution puisa
une nouvelle force dans le contrat de mariage.

C'est en vain que l'influence rivale du Droit romain,
qui prohibait les pactes successoires, cherche dès le
douzième siècle à dénaturer le principe et à restreindre
les effets de l'institution contractuelle.

Jusqu'à la rédaction des Coutumes, elle conserve dans
la pureté primitive sa nature et ses caractères généraux.

(1) M. Ginoulhiac, cours de Droit Féodal et Coutumier.

SECTION V.

De l'institution contractuelle, après la rédaction des coutumes et dans es pays coutumiers.

Dès le douzième siècle, l'institution contractuelle fut en lutte avec les principes opposés du Droit romain.

Ce mode de disposition était si bien entré dans les mœurs des pays coutumiers qu'elle triompha jusqu'au seizième siècle de toutes les attaques.

Mais à cette époque les Romanistes eurent en main la puissance législative, et purent aisément faire prévaloir leurs principes.

La rédaction des coutumes fut en effet confiée à des jurisconsultes qui étaient, la plupart, de fervents sectateurs du Droit romain.

Le président Lizet, ultrà-romaniste, au dire contemporain, proscrivit même l'institution contractuelle de la Coutume du Berry.

Les autres rédacteurs, réservèrent cependant une place à la donation de biens à venir.

Nous la trouvons formulée dans l'art. 219 de la Coutume du Bourbonnais; dans l'art. 4, chap. 2, de la Coutume de Liège. Les coutumes d'Anjou, de la Marche, du Nivernais, du Maine, de la Touraine, du Lodunois et de la Normandie, consacrent également, d'une manière expresse, la faculté de disposer par institution contractuelle.

Mais en passant dans les Coutumes, la donation de biens à venir subit de notables changements.

Le disposant, nous l'avons vu, n'était dans le plus ancien Droit, aussitôt après l'institution, qu'un détenteur précaire, un administrateur du patrimoine qui résidait désormais sur la tête de l'institué.

Dans le Droit commun des pays coutumiers, ce pouvoir d'administration prend une extension considérable et comporte la faculté de vendre, hypothéquer, en un mot, de consentir tous les actes à titre onéreux.

Institution d'héritier et pacte de succéder faits en contrat de mariage, s'entend seulement des biens qui se trouvent délaissés par le décès du disposant, et n'empêche ladite institution ou convention que ledit instituant ne puisse aliéner ses biens par contrat entre-vifs (art. 320 de la Coutume du Bourbonnais).

Il en était de même dans le Nivernais, l'Auvergne, la Marche (1)

On admettait même le disposant à faire quelques libéralités entre-vifs, quelques legs, mais à titre particulier et sans fraude : *non impeditur quædam particularia legare manente institutione, in suâ quotâ*, dit Du Moulin, sur l'art. 442, de la Coutume du Bourbonnais.

Dans les Coutumes de Normandie, du Lodunois, de la Touraine, le principe de l'irrévocabilité resta absolu.

Le disposant ne pouvait aliéner ni à titre gratuit ni à titre onéreux, à moins d'une extrême misère.

Mais dans ces pays, les *déclarations* et *reconnaissan-*

___
(1) Les Coutumes du Bourbonnais, de l'Auvergne, de la Marche, du Nivernais formèrent le droit connu en cette matière. — Bonnet, *Contrat de mariage.*

ces d'héritiers étaient plus particulièrement en usage.

Or ces clauses étaient envisagées comme des donations de biens présents et à venir.

Après la rédaction des Coutumes, la carrière fut ouverte aux plus étranges confusions d'idées et de systèmes, sur la nature de l'institution contractuelle.

Certains jurisconsultes voyaient dans ces sortes de dispositions un testament irrévocable, d'autres les assimilaient aux donations à cause de mort.

Quelques-uns, renonçant à définir leur nature, la qualifiaient de disposition amphibie.

Lebrun, Domat, Bourgou, Furgole maintinrent à l'institution contractuelle le caractère de disposition entre-vifs.

Il nous paraît aussi que la donation de biens à venir doit encore être rangée dans la classe des dispositions entre-vifs.

L'instituant perdait en effet à l'instant même la faculté de disposer à titre gratuit. Or l'aliénation d'un attribut aussi essentiel du droit de propriété constitue un véritable appauvrissement.

L'institué était de son côté investi aussitôt d'un droit à terme et conditionnel, dont l'ouverture pouvait être éloignée mais certaine, à moins qu'il ne survint quelque cause de révocation ou de caducité.

Ces effets de l'institution n'étaient pas seulement actuels, mais irrévocables.

L'irrévocabilité était plus ou moins absolue, selon la diversité des coutumes ; mais le principe est constant.

Or, l'actualité et l'irrévocabilité sont les deux caractères distintifs de la donation entre-vifs.

Pour souscrire une institution contractuelle, il faut
avoir la capacité de disposer entre-vifs.

C'est là une conséquence qui découle de la nature de
l'institution.

La plupart, d'ailleurs, des jurisconsultes qui rangeaient
l'institution contractuelle dans la classe des dispositions
testamentaires admettaient cependant une exception sur
ce point.

L'instituant, disent-ils, se lie les mains au profit de
celui qu'il institue; comme il s'impose une gêne qui peut
dans la suite lui causer de grands préjudices, il paraît
que nous devons lui appliquer, s'il est mineur, les motifs
qui ont fait reculer l'âge des dispositions entre-vifs au-
delà de celui des donations à cause de mort (1).

La capacité d'instituer formait la règle; mais l'aptitude à recevoir était restreinte aux époux et aux enfants
à naître du mariage.

Au moyen de la clause d'association on parvint cependant à faire participer des tiers au bénéfice de l'institution contractuelle.

Mais l'institué était-il saisi à l'instant même, comme
dans l'ancien droit?

La saisine fut abandonnée, puisque le disposant conservait, dans le droit commun des pays coutumiers, la
faculté d'aliéner à titre onéreux.

Le droit de l'institué ne devenait certain et définitif

(1) Merlin, *Répertoire de jurisprudence*, t. XV, p. 208.

5

qu'au décès du donateur, qui pouvait jusque-là annihiler indirectement le bénéfice de l'institution.

Dans la rigueur des principes, on devait décider que le donataire qui mourait avant le disposant n'avait rien acquis et ne pouvait rien transmettre.

Néanmoins, les enfants nés du mariage à l'occasion duquel s'était produite la libéralité furent admis à recueillir le bénéfice de l'institution, à défaut de leur auteur.

La nature du droit des enfants fut l'objet des plus vives controverses. D'après certains jurisconsultes, ils arrivaient par représentation ; par transmission, selon d'autres.

De Laurière imagina une substitution vulgaire au profit des descendants de l'institué. Cette opinion était également inadmissible ; car, en principe, le substitué vulgaire doit être vivant et capable au moment de la disposition, comme le donataire direct lui-même ; cette opinion prévalut cependant sous l'influence du savant jurisconsulte.

Les enfants venaient donc à l'institution *jure suo* et non *jure patris*. Ils pouvaient recueillir les biens donnés et répudier la succession de leur auteur.

Mais dans les quelques provinces où les *déclarations* et *reconnaissances* d'héritiers étaient plus particulièrement en usage, ces clauses avaient l'effet des donations de biens présents et à venir.

Le donataire était saisi à l'instant même des biens présents ; par suite, malgré son prédécès, il transmettait sur ces biens tous ses droits à ses héritiers quelconques.

La question de savoir si l'institué qui n'avait pas fait

inventaire était tenu des dettes *ultra vires*, partageait les auteurs.

Il est certain que dans quelques Coutumes, l'institué était obligé *in infinitum* envers les créanciers.

L'héritier institué par contrat de mariage est tenu de toutes charges héréditaires du défunt, tant actives que passives, comme serait héritier ab intestat (art. 34, au titre *Des donations*, de la Coutume d'Auvergne).

Certaines Coutumes autorisaient l'institué à accepter, sous bénéfice d'inventaire ; ce qui implique l'obligation *ultrà vires*, en cas d'acceptation pure et simple.

Mais ces dispositions n'étaient que locales. En principe, l'institué est un donataire universel ; il ne représente pas la personne du défunt.

Dans les Coutumes, le véritable héritier est celui qui puise son droit dans la loi et non dans la volonté du disposant.

L'utilité de l'insinuation était aussi vivement controversée.

Dans les Coutumes où l'institution avait l'effet des donations de biens présents et à venir, la nécessité de cette formalité n'était pas contestable.

L'art. 245 de la Coutume d'Anjou, prohibitif de toute atteinte directe ou indirecte à l'effet de l'institution, ne permettant d'actionner les tiers-acquéreurs que lorsque le contrat de *mariage* avait été *publié*.

Mais dans le droit commun des pays coutumiers, le disposant conserva la faculté d'aliéner à titre onéreux.

L'insinuation n'avait plus qu'une utilité bien amoindrie.

Il n'y a pas plus de raison, dit Merlin, pour nécessiter l'insinuation dans une institution contractuelle, que dans une vente dont l'effet serait remis à la mort du vendeur. Il y aurait aussi bien lieu de craindre dans un cas que dans l'autre que des tiers ne contractassent avec un héritier présomptif, dans l'espérance d'une succession diminuée ou réduite à rien par des dispositions secrètes. On pourrait également dire que le défaut d'insinuation donne matière à la fraude et au stellionat, en facilitant de secondes aliénations. Mais si ces raisons ne suffisent pas pour assujétir le contrat de vente à une formalité qu'aucune loi ne lui a imposée, pourquoi voudrait-on qu'elles eussent plus d'effet par rapport à l'institution contractuelle (1).

Furgole dit aussi que l'ordonnance de 1731, ni aucune autre, n'assujettit à l'insinuation l'institution contractuelle.

Le Parlement d'Aix a rendu deux arrêts conformes à cette opinion, l'un du mois de novembre 1644, rapporté par Duperrier, l'autre de l'année 1699, inséré dans le Recueil de Bezieux (2).

Le Parlement de Paris a rendu aussi plusieurs arrêts dans le même sens cités dans le *Journal du Palais*, tome 2, page 954.

La jurisprudence de cette cour est encore la même dans l'arrêt du 28 avril 1758 rapporté par Merlin.

---

(1) Merlin, t. 15, p. 254, *Répertoire de jurisprudence.*
(2) Merlin, t. 15, p. 254, *Répertoire de jurisprudence.*

Ce système nous paraît préférable. L'insinuation, en effet, était impossible en quelque sorte.

Car il eût fallu insinuer la donation au greffe du bailliage ou sénéchaussée, tant du domicile du donateur, que de la situation des biens donnés.

Renouveler l'insinuation à chaque changement de domicile, à chaque nouvelle acquisition.

Or, c'était là une impossibilité d'exécution.

Le droit d'accroissement s'exerçait-il entre plusieurs donataires par contrat de mariage ?

Dumoulin, Ricard, de Laurière tenaient pour l'affirmative ; Lebrun, Auroux, des Pommiers étaient d'une opinion contraire.

Tous les jurisconsultes, en général, qui rangent l'institution contractuelle dans la classe des dispositions entrevifs repoussent le droit d'accroissement entre institués.

En effet, le droit d'accroissement n'avait pas lieu par contrat. Il faut assimiler l'institution au testament pour défendre l'opinion contraire.

Mais il a été suffisamment établi que la disposition qui fait l'objet de cette étude participe de la nature des donations entre-vifs.

Il nous paraît donc que le droit d'accroissement n'était pas admissible entre institués.

Le donataire n'aurait pu renoncer au bénéfice de la donation pendant la vie du donateur. Le donataire et le donateur réunis étaient également impuissants à en modifier les effets. S'il eût été permis de déroger à l'institution, l'institué aurait pu frustrer les tiers, compromettre l'avenir de ses enfants.

L'institution contractuelle est enfin régie par la loi en vigueur au moment de sa formation.

Si le donataire n'a pas un droit de propriété actuel, il en a, en effet, plus qu'une simple expectative ; il a une forte attente, un droit *sui generis* que le donateur ne peut lui retirer.

Une loi nouvelle qui modifierait les droits du donataire exercerait donc une véritable rétroactivité.

SECTION VI

De l'institution contractuelle dans les pays de Droit écrit.

Bien que contraire aux principes du Droit romain, l'institution contractuelle finit par gagner les pays de Droit écrit.

Elle devint, dit Coquille, une *coutume générale non écrite*.

Elle eut même dans le Midi des caractères et des effets plus absolus que dans les pays coutumiers.

De Laurière l'explique par la fausse interprétation des mots : *Dono tibi hereditatem meam.*

Barthole voyait dans cette disposition une donation de biens présents et à venir.

Paul de Castres interprétait la clause de la manière suivante :

« Si quis dixit dono tibi hereditatem meam, non valet
« donatio, cum hereditas non fit in vitâ donantis in con-
« trarium videtur quasi idem sit hoc dicere dono omnia
« bona et quae post mortem meam erunt hereditas. »

En effet, la tradition, dans la donation entre-vifs, n'est pas jugée indispensable par les romanistes de l'époque. Ils décidaient, en outre, que les biens à venir pouvaient être compris dans la donation de biens présents.

En se conformant, dit de Laurière (1), au sentiment de Barthole, de Paul de Castres et des autres docteurs, on a regardé les dons de l'hérédité comme des dons ou des donations de biens présents et à venir.

Quoi qu'il en soit, il est certain qu'on appliquait à l'institution contractuelle dans le pays de Droit écrit les règles des donations entre-vifs.

Le disposant ne pouvait plus aliéner, soit à titre oné-reux, soit à titre gratuit.

Il aurait pu vendre cependant, pour le rachat de la liberté ou dans le cas d'une extrême misère.

Le donataire, par son prédécès, transmettait indistinc-tement à tous ses héritiers les droits qu'il avait lui-même sur les biens présents du donateur.

Quant aux biens à venir restés libres dans les mains du donateur, le donataire ne pouvait les transmettre qu'après les avoir recueillis.

Dans les pays de Droit écrit, l'institué était incontesta-blement un donataire universel.

Il ne pouvait être actionné par les créanciers qu'*intrà vires bonorum*.

---

(1) Dans son *Traité de l'institution contractuelle*, t. 2.

SECTION VII.

De l'institution contractuelle dans le Droit inter-
médiaire.

Les dispositions à titre gratuit furent ramenées aux plus étroites limites par les lois des 5 brumaire an 2, 17 nivôse même année, et 4 germinal an 8.

La loi du 5 brumaire an 2, déclarait nulles et de nul effet toutes dispositions entre-vifs ou à cause de mort, précédemment faites par un donateur encore en vie ou décédé depuis le 14 juillet 1789.

Elle permettait cependant de disposer, à l'*avenir*, du dixième en ligne directe, et du sixième en ligne collatérale.

Il serait inutile de faire ressortir tout ce qu'il y avait d'injuste à retirer, non-seulement des droits acquis, mais des droits ouverts et réalisés.

La loi du 5 brumaire an 2 fut modifiée par celle du 17 nivôse même année.

Dans le seizième article, elle portait la disposition suivante :

A l'égard des citoyens au profit desquels il a été fait, à titre universel, des dispositions dont la nullité est prononcée par la loi du 5 brumaire, ils demeurent autorisés à retenir, soit le dixième, soit le sixième qu'elle rend disponible.

Mais les dispositions excessives dont l'auteur vivait encore restèrent frappées de nullité.

Cette loi permit en outre de faire des legs particuliers qui ne s'élèveraient pas au-dessus de 10,000 fr., mais à la condition que le légataire n'aurait pas une fortune personnelle supérieure à cette valeur.

La loi du 4 germinal an 8 augmenta la quotité disponible et maintint la nullité, pour le tout, des dispositions excessives.

Il est important d'observer que les donations de biens à venir consenties sous l'empire des lois des 5 brumaire an 2, 17 nivôse même année, 4 germinal an 8, doivent être régies dans tous leurs effets par la législation intermédiaire, sans avoir égard aux lois en vigueur à l'époque de leur ouverture.

CHAPITRE Ier.

DE L'INSTITUTION CONTRACTUELLE DANS LE CODE NAPOLÉON. — SA NATURE. — SES CARACTÈRES GÉNÉRAUX. — ESPÈCES PARTICULIÈRES D'INSTITUTIONS CONTRACTUELLES.

Le Droit intermédiaire avait en quelque sorte proscrit l'institution contractuelle ; le Code Napoléon l'a fait revivre de la façon la plus explicite :

« Les père et mère, les autres ascendants, les parents
« collatéraux et même les étrangers pourront, par con-
« trat de mariage, disposer de tout ou de partie des biens
« qu'ils laisseront au jour de leur décès, tant au profit
« desdits époux qu'au profit des enfants à naître de leur
« mariage, dans le cas où le donateur survivrait à
« l'époux donataire (art. 1082). »

Il est important de déterminer, avant tout, la véritable nature de l'institution contractuelle.

Cette question est vivement controversée dans le Droit nouveau comme dans l'ancienne jurisprudence.

Les termes formels de la loi, les déductions qu'on peut en tirer, la tradition historique, nous paraissent néanmoins démontrer avec certitude que l'institution contractuelle est restée une disposition entre-vifs, et qu'elle en présente les caractères généraux.

Le législateur moderne ne reconnaît plus que deux modes de dispositions à titre gratuit : par donation ou par testament. C'est là un principe certain qu'on ne saurait contester en présence des termes formels de l'art. 893 : On ne pourra *disposer* de ses biens à titre gratuit que par *donation entre-vifs* ou par *testament*.

De cette règle générale résulte implicitement que toutes les libéralités autorisées par le Code Napoléon doivent être rangées dans la classe des donations entre-vifs ou des testaments.

Or, il est impossible de faire entrer l'institution contractuelle dans la classe des testaments. Le testament est essentiellement révocable, unilatéral ; il ne donne au légataire qu'une espérance très-incertaine, alors que l'institution contractuelle est irrévocable, bi-latérale et investitive au profit du donataire d'un droit actuel.

Ces différences profondes excluent toute assimilation.

Si l'on étudie d'ailleurs l'institution contractuelle en elle-même, on retrouve les caractères distinctifs des donations entre-vifs.

Ce qui distingue la donation entre-vifs, est l'acte juridique positif, qui enrichit le donataire et dépouille le donateur d'une façon actuelle irrévocable.

Or, l'institution contractuelle se fait toujours par contrat de mariage; donc, le premier élément, un acte juridique positif ne fait pas défaut.

Elle dépouille en outre le donateur d'un attribut essentiel du droit de propriété, de la faculté de disposer à titre gratuit. La perte d'une faculté si précieuse, d'une prérogative si importante, est un véritable appauvrissement.

Elle investit d'autre part le donataire d'un droit irrévocable sur les biens compris dans l'institution. Or, ce droit, pour être à terme et conditionnel, n'en constitue pas moins un véritable enrichissement.

Il n'y a pas seulement, disons-nous, création immédiate d'un Droit au profit du donataire; mais ce Droit est irrévocable, en ce sens du moins qu'il ne saurait subir de retranchement par des dispositions à titre gratuit (art. 1083).

On retrouve donc, dans l'institution contractuelle, les caractères saillants des donations entre-vifs.

Les dispositions formelles du législateur lèvent tous les doutes.

L'institution contractuelle est comprise sous la rubrique des *donations* par contrat de mariage. Les art. 1082, 1083 et 1089, qui règlent la matière, qualifient constamment de *donation* ces libéralités exceptionnelles.

Cette dénomination est d'autant plus probante que l'acte juridique qui fait l'objet de cette étude était connu,

dans l'ancien Droit, sous le nom d'institution contractuelle, maintenu par l'usage.

C'est avec le plus grand soin que le législateur moderne a évité partout l'emploi de l'ancienne dénomination.
La nouvelle appellation a eu évidemment pour objet de
faire cesser la divergence des interprétations que nous
avons signalées dans l'ancien Droit.

Les rédacteurs du Code Napoléon, en imprimant à
l'institution contractuelle le caractère de dispositions
entre-vifs, ont continué les vraies traditions historiques.

Ils n'avaient d'ailleurs qu'à suivre Pothier, leur guide
habituel.

Après avoir attribué à l'institution contractuelle le caractère des dispositions entre-vifs, le législateur a cependant admis des dérogations nombreuses.

Ces dérogations, empruntées généralement au Droit
commun des pays Coutumiers, sont d'ailleurs conformes
à l'intérêt des époux et de la famille : les ascendants, les
collatéraux et les étrangers surtout, sont plus facilement
généreux lorsqu'ils peuvent l'être sans se dépouiller d'une
façon absolument irrévocable, et qu'ils conservent au
contraire la faculté de disposer à titre onéreux, et même
à titre gratuit, pour des sommes modiques.

Après avoir cherché à reconnaître la nature de l'institution contractuelle, nous allons tracer sommairement
ses caractères généraux, sauf à revenir sur chacun d'eux,
au cours de cette dissertation.

1° Pour la capacité de l'instituant, l'assimilation avec
la donation de biens présents est complète.

Ainsi le mineur, en dehors des exceptions prévues par

les art. 1095 et 1098 est incapable de consentir une institution contractuelle.

La femme mariée doit être autorisée par son mari.

Et la femme dotale, autorisée ou non, ne peut instituer que ses enfants.

Le seul moment à considérer pour juger de la capacité du donateur, est le moment de l'institution. Dès qu'elle a été régulièrement formée, tout est consommé de la part du disposant; les événements ultérieurs qui lui feraient perdre la capacité d'instituer sont indifférents sur le sort de l'institution.

La capacité de disposer forme la règle; mais l'aptitude à être institué est l'exception, et se trouve restreinte aux époux et aux enfants à naître du mariage.

Les institués du premier degré, l'époux ou les époux, doivent être capables de recevoir au moment de l'institution, et vivants au moment de l'ouverture.

Quant aux institués du second degré : les enfants à naître du mariage; il suffit qu'ils soient vivants à l'ouverture de l'institution : c'est là une exception aux principes que nous aurons à expliquer.

2° La donation de biens à venir (nous l'avons déjà dit) est actuelle en ce sens qu'elle investit *hic* et *nunc* le donataire d'un droit à terme et conditionnel, que le disposant, ni les tiers, ni une loi ultérieure ne peuvent lui retirer.

3° Elle est, en outre, irrévocable en ce sens du moins que le donateur ne peut plus restreindre l'institution, par des dispositions à titre gratuit, si ce n'est pour sommes modiques.

4° L'institution contractuelle est régie par la loi en vigueur au moment de sa formation, tant au fond que pour la forme.

5° Le droit d'accroisssement n'existe pas entre institués.

6° Le donataire n'est pas saisi au moment de la donation, puisqu'il ne recueille les biens qu'au décès; il ne l'est pas davantage au décès, car hériter légitime et le légataire universel qui n'est pas en concours avec des réservatoires sont les seuls auxquels la loi accorde la saisine à la mort du *de cujus*.

7° L'institué n'est tenu des dettes qu'*intrà vires bonorum*; il ne continue pas, en effet, la personne du défunt, il ne peut être actionné que comme détenteur de l'universalité active ou d'une quote-part.

8° La qualité d'héritier bénéficiaire lui est inhérente.

9° L'institution nous paraît affranchie de la formalité de la transcription.

10° Les enfants nés du mariage recueillent à défaut de l'époux ou des époux les biens compris dans l'institution ; mais ils les recueillent *jure proprio*, en vertu d'une vocation personnelle.

Tels sont les caractères saillants de l'institution contractuelle.

Les parties n'ont pas à recourir à des formules particulières, à des termes sacramentels pour contracter une institution. Il suffit que leur volonté soit exprimée en termes intelligibles.

Mais il peut se présenter dans la pratique des dispositions obscures.

Nous allons, à ce sujet, parcourir quelques clauses de l'ancien Droit, pour en étudier le caractère légal et les effets juridiques, dans la nouvelle législation.

La déclaration de *fils aîné* et de *principal héritier* était très-usitée dans l'ancienne jurisprudence.

Cette clause dans la plupart des coutumes n'engageait que les biens présents du donateur qui ne pouvaient être aliénés ni à titre gratuit, ni à titre onéreux ; quant aux biens à venir, l'instituant pouvait en disposer à son gré.

Dans une clause semblable, nous verrions aujourd'hui une véritable institution conctractuelle.

Pour donner, en effet, un sens utile à la clause, il faut bien admettre que le disposant s'il est le père ou la mère du futur époux, a entendu renforcer le droit de succes-sion *ab intestat* de son fils, s'interdire par conséquent la disposition qui diminuerait la part héréditaire de l'enfant.

Si pareille clause émanait d'un tiers, elle s'étendrait à toute la quotité disponible.

La réserve à la succession était fréquente en Normandie. Stipulée par un héritier présomptif, elle équivaut sous l'empire du Code Napoléon, comme dans l'ancien Droit, à une institution contractuelle pour une part héréditaire. C'est la seule manière rationnelle d'interpréter la clause.

La promesse d'égalité avait également pour objet de prévenir des libéralités ultérieures du donateur au détri-ment de la part héréditaire de l'institué.

Elle doit avoir le même effet dans notre Droit mo-derne.

Elle n'est opposable que par l'époux qui l'a stipulée.

Tout ce qui excède la part héréditaire de l'institué dans la quotité disponible, peut être donnée par *preciput* à l'institué lui-même ou à tout autre.

Mais la clause a-t-elle pour effet d'assurer la part héréditaire, tant à l'encontre des étrangers que des autres enfants?

A prendre la clause dans son sens littéral, il semble que le disposant n'a promis que l'égalité entre tous ses héritiers.

Mais si la clause affecte, cette forme restrictive, c'est que des libéralités à des étrangers au préjudice des héritiers sont très-rares et que le stipulant est moralement assuré de sa part héréditaire lorsque le père de famille s'interdit d'avantager les autres co-héritiers.

Le disposant qui renonce à avantager les membres de sa famille renonce *à fortiori* à dépouiller la famille au profit des étrangers.

Et au fond le résultat serait le même pour l'institué.

Les Tribunaux et la Cour de cassation ont rendu, il est vrai, quelques décisions qui paraissent contraires à cette doctrine ; mais, comme le remarque M. Troplong, ces décisions ont été déterminées par des circonstances particulières de l'espèce, où la volonté restreinte du disposant se trouvait révélée par les faits.

En principe, par la promesse d'égalité, l'héritier présomptif nous paraît assuré de sa part héréditaire *ergà omnes*.

CHAPITRE II.

PAR QUI ET AU PROFIT DE QUI PEUT SE FAIRE UNE INS-TITUTION CONTRACTUELLE.

SECTION I.

Qui peut instituer ?

Aux termes de l'art. 1082, les père et mère, les autres ascendants, les parents collatéraux des époux et même les étrangers peuvent, par contrat de mariage, disposer de tout ou partie des biens qu'ils laisseront à leur décès.

La faculté légale de consentir une institution contractuelle est donc ouverte à tous ; les futurs époux eux-mêmes peuvent s'instituer l'un l'autre. (Art. 1093.)

Le législateur n'a rien dit de la capacité du disposant.

Dans le silence de la loi, il faut appliquer les règles des donations entre-vifs, puisque l'institution contractuelle est placée sous la même rubrique, qu'elle est constamment qualifiée de dispositions entre-vifs.

Abstraction faite d'ailleurs du caractère imprimé par la loi à l'institution contractuelle, est-il possible de trouver sur ce point quelque analogie entre l'institution et les actes de dernière volonté.

Le testament ou la donation à cause de mort n'altère en rien le droit de disposer ; on peut le révoquer par la manifestation directe de la volonté contraire.

Tandis que l'instituant ne peut plus disposer à titre

gratuit, pour la quote-part la plus minine, même au profit de ses plus proches parents.

L'irrévocabilité de l'institution avait fait adopter ces
principes par les romanistes eux-mêmes.

Merlin se fait en ces termes leur interprète et leur
écho (1).

« L'instituant, par la donation de biens à venir, se prive
« de la faculté la plus importante : celle de se choisir un
« héritier; comme il se lie les mains au profit de celui
« qu'il institue, comme il s'impose une gène qui peut dans
« la suite, lui causer de grands préjudices, il paraît que
« nous devons lui appliquer, s'il est mineur, les motifs
« qui ont fait reculer l'âge des dispositions entre-vifs
« au-delà de celui des donations à cause de mort.

Il est donc certain que le mineur en dehors de l'exception prévue par l'art. 1390, c'est-à-dire excepté lorsqu'il
se marie et qu'il est assisté de tous ceux dont le consentement est nécessaire pour la validité de son mariage, ne
peut valablement souscrire une donation de biens à venir.

Marcadé a justement qualifié la doctrine contraire
d'erreur palpable.

La femme mariée, quel que soit le régime matrimonial
des époux, est également incapable de disposer de ses
biens par institution contractuelle, sans être autorisée de
son mari.

Le paragraphe premier de l'art. 905 comprend dans sa
généralité toutes les dispositions entre-vifs.

(1) T. XV, *Répertoire de jurisprudence.*

L'irrévocabilité incontestable de la donation de biens à venir exclut toute analogie avec le testament.

Le paragraphe 2 de l'art. 905 constitue d'ailleurs une exception qu'on ne saurait étendre d'un cas à l'autre.

Rien de plus formel et de plus général que la nécessité de l'autorisation maritale : « la femme même non com- « mune ou séparée de biens ne peut aliéner à titre gra- « tuit onéreux sans le concours du mari dans l'acte « ou son consentement par écrit. » (Art. 217).

Mais le régime dotal est-il un obstacle à l'institution pour les biens stipulés inaliénables.

Nous devons excepter préalablement l'institution qui serait faite au profit des enfants, dont la validité n'est pas douteuse.

Que faut-il décider de l'institution au profit d'un colla- téra! ou d'un étranger?

Dans le régime dotal, sous la seule exception détermi- née par la loi, aucun acte volontaire de l'un ou de l'au- tre des époux, ou des époux réunis, ne peut par des moyens directs ou indirects conférer à autrui un droit qui dépouillerait la femme et ses futurs héritiers.

Or, celui qui a souscrit une institution contractuelle s'est dépouillé d'un droit réel immobilier, du droit de disposer à titre gratuit.

Il a perdu un attribut essentiel du droit de propriété car le droit de propriété comprend nécessairement la faculté d'aliéner à titre gratuit comme d'aliéner à titre onéreux.

Il faut remarquer en outre, que la femme dotale est déjà inhabile au cours du mariage à disposer à titre oné-

reux : Qu'elle devienne incapable de disposer à titre gratuit, pour ne recouvrer jamais ni l'une, ni l'autre capacité, si le mari lui survit, et l'institution contractuelle
sera d'une *irrévocabilité absolue*.

Par suite, le régime dotal qui tend à protéger la femme,
à assurer l'avenir des enfants, pourrait avoir des conséquences diamétralement opposées.

En résumé, il faut décider que le mineur, la femme
mariée non autorisée, et la femme dotale autorisée ou
non, sont incapables de souscrire une institution contractuelle.

Il en est de même du prodigue et du faible d'esprit
pourvu d'un conseil judiciaire.

Mais à quelle époque doit exister la capacité du donateur?

L'instituant doit bien avoir la jouissance et l'exercice
du droit de disposer au moment de l'institution puisqu'il
se dépouille à l'instant même d'une façon irrévocable.

Cette condition nécessaire est-elle en même temps
suffisante?

L'affirmative ne nous paraît pas douteuse :

Alors même que la donation entre-vifs ordinaire, soit
faite sous condition suspensive, il est bien certain que
si la volonté du donateur et du donataire sont concomi-
tantes, le seul moment à considérer pour la capacité du
donateur est le moment de la donation elle-même.

Or, l'instituant comme le donateur conditionnel a
transféré un droit actuel irrévocable, dont l'ouverture
est éloignée peut-être, mais certaine, sauf les causes de
révocation et de caducité.

Tout est consommé de la part du donateur à l'instant même de l'institution; sa capacité ou son incapacité ultérieure est indifférente.

Cependant, avant la loi du 31 mai 1854, la mort civile de l'instituant anticipait l'ouverture de l'institution

SECTION II.

Quelles personnes peuvent être instituées?

La capacité de disposer par institution contractuelle forme la règle.

Mais l'aptitude à être institué est restreinte aux époux et aux enfants à naître du mariage :

« L'institution contractuelle peut avoir lieu, tant au « profit des époux, que des enfants à naître du mariage; « pareille donation quoique faite seulement au profit des « époux, ou de l'un d'eux, sera toujours dans le cas de « survie, présumée faite au profit des enfants et descen- « dants à naître du mariage.» (Art. 1082).

L'institution, dans le silence du contrat, comprend deux degrés de donataires, au premier degré, un seul époux ou les deux époux en commun; et au second degré les enfants à naître du mariage.

Par enfants à naître du mariage il faut entendre aussi l'enfant déjà né, qui est légitimé par le mariage subséquent des père et mère au profit desquels est souscrite l'institution.

L'enfant naturel, et l'enfant adoptif n'appartenant pas au mariage, seraient nécessairement exclus, comme les enfants nés d'un autre mariage.

La rédaction un peu équivoque de l'art. 1089 semble-rait étendre la faveur de l'institution, indistinctement aux enfants déjà nés comme aux enfants à naître du mariage.

Il faut interpréter et corriger au besoin l'article 1089 par l'article 1082 qui limite formellement l'institution aux *enfants* et *descendants* à *naître* du mariage.

Mais l'instituant ne pourrait-il pas *per saltum et omisso medio*, franchir les époux et instituer directement les en-fants à naître du mariage.

Le texte prérappelé de l'article 1082 ne donne point cette faculté; les enfants, dit ce texte, viennent à l'insti-tution à défaut des père et mère, dans le cas, où le dona-teur survit à l'époux donataire.

Or l'art. 1082 est tout exceptionnel, on ne peut en étendre le sens : tout ce qu'il ne permet pas, est défendu.

L'institution directe des enfants à naître du mariage est d'ailleurs contraire à tous les principes du Droit.

S'il suffit, en effet, que le donataire soit conçu avant la mort du donateur, cette condition est absolument néces-saire, *esse enim debet, cui detur*, dit Scævola.

Or, que les père et mère soient exclus de l'institution et il arrivera fréquemment, qu'au décès de l'instituant, les appelés ne seront pas conçus.

Si le donateur laisse à sa survivance un ou plusieurs enfants nés du mariage en faveur duquel l'institution a été souscrite, mais qu'il en survienne d'autres, ces der-niers sont nécessairement exclus, puisque leur volonté n'a pu rencontrer celle de l'instituant.

Or, il en résulte une attribution inégale entre les en-fants qui est incompatible avec l'art. 1082. La vocation de l'art. 1082 au profit des enfants est en effet de tous les enfants en masse, collectivement, et dès-lors avec des droits égaux, dit Marcadé.

Il faut remarquer en outre que ces libéralités exceptionnelles ne sont autorisées qu'en faveur du mariage.

Mais pour encourager au mariage et le favoriser d'une manière vraiment efficace, l'institution doit s'adresser d'abord aux époux, et ne pas courir de trop nombreuses chances de caducité.

L'exclusion des époux rend, au contraire, l'institution aléatoire au plus haut degré.

Mais que le futur époux ou les futurs époux soient institués au premier degré, et l'on peut sérieusement espérer de voir les effets de l'institution se réaliser. Si l'époux ou les époux prédécèdent, les enfants recueillent à leur place.

En outre, tout s'harmonise ; la donation est régulièrement acceptée par les époux vivants et capables. Si les enfants recueillent à défaut des parents, ils sont tous nés ou du moins conçus à l'ouverture de l'institution.

Il faut donc tenir pour certain que l'époux ou les les époux doivent être au premier degré de l'institution.

Mais, à l'inverse, le disposant peut valablement exclure les enfants à naître du mariage.

Cette réserve est autorisée par l'art. 951, dans les donations de biens présents qui ont lieu par contrat de mariage.

Les donations de biens à venir comportent également toutes les conditions qui ne sont contraires ni aux lois ni aux mœurs.

L'art. 1082, interprétatif de la volonté des parties, dit bien d'ailleurs que la donation de biens à venir est présumée faite aux enfants à naître du mariage ; par conséquent, l'expression de la volonté contraire fait cesser cette présomption et tous ses effets.

Il est vrai que dans l'opinion contraire, on argumente du mot présomption, employé par le législateur.

Mais cette présomption n'est pas une présomption *juris* et *de jure,* qui n'admette pas la volonté contraire. Rien d'impérieux dans les termes de l'art. 1082, mais une simple interprétation de volonté.

Le passage suivant de l'Exposé des motifs lève d'ailleurs tous les doutes :

« Les donateurs pourront prévoir le cas où l'épouse « donataire mourrait avant eux, et dans ce cas étendre « leur disposition au profit des enfants à naître du ma- « riage. Dans le cas où le donateur n'aurait pas prévu le « cas de leur survie, il sera présumé de droit que leur « intention a été de disposer, non-seulement au profit « de l'époux, mais encore en faveur des enfants et des- « cendants à naître du mariage. »

Mais lorsque l'institution s'ouvre au profit des institués du second degré, quelle est la nature de leur droit?

L'institution, à l'origine, dans les principes purs du droit germanique, était une donation entre vifs actuelle et irrévocable dans le sens absolu de ces mots ; le donataire était saisi et transmettait par suite tous ses droits à ses héritiers quelconques, nonobstant la survivance du donateur.

En passant dans les coutumes, l'institution fut modiflée; la saisie du donataire ne fut généralement pas admise.

On voulut cependant assurer aux enfants les biens compris dans l'institution.

Mais venaient-ils par transmission des droits de leurs parents? Évidemment non, puisque les collatéraux du donataire étaient toujours exclus.

Ils ne venaient pas davantage par représentation, puisque la représentation est ouverte aux collatéraux privilégiés.

De Laurière imagina une espèce de substitution vulgaire au profit des enfants :

« Les enfants de celui qui a été institué héritier par
« contrat de mariage succèdent à l'instituant dans le cas
« proposé, non pas, encore une fois, parceque le droit de
« leur père leur a été *transmis*, ou parce qu'il leur est
« *communiqué*, ou enfin parce que leur père n'a été ins-
« titué héritier qu'à leur considération, mais ils succèdent
« à l'instituant parce que nous avons admis en leur fa-
« veur une substitution vulgaire tacite, à l'imitation des
« Romains, qui avaient décidé, sur la présomption de
« volonté des testateurs, que la *substitution vulgaire ex-*
« *presse*, comprendrait tacitement la pupillaire, et que la
« substitution pupillaire expresse comprendrait la vul-
« gaire. »

Cette substitution vulgaire n'était possible, dans la rigueur des principes, que par testament. Il est essentiel, pour recevoir par donation, d'être au moins conçu à l'époque de la formation du contrat.

Cette idée prévalut néanmoins sous l'influence du savant

jurisconsulte, et elle a été reproduite dans le Code
Napoléon, quoique inexacte en principe.

Mais il faut remarquer que l'institution contractuelle
de l'un des époux à l'autre est toujours caduque par le
prédécès du donataire, et qu'en pareil cas les enfants ne
peuvent recueillir à la place de leur auteur défaillant
(art. 1589).

La vocation en sous-ordre des enfants, contraire aux
principes fondamentaux, n'avait ici aucune raison d'être :
les enfants trouvent en effet, dans la succession de
l'époux donateur, les biens qu'ils n'ont pu recueillir à
titre de donation par le prédécès de l'époux institué (1).

Mais quelles sont ces conditions de capacité de la part
des institués ?

Pour les institués du premier degré, le futur époux, ou
les futurs époux, il n'est pas douteux qu'ils doivent être
capables, au moment de l'institution, par application des
règles des donations entre-vifs.

Ils acquièrent, en effet, plus qu'une simple expectative ;
ils sont investis à l'instant même d'un Droit à terme et
conditionnel dont l'ouverture est éloignée peut-être, mais
qui se réalisera certainement, à moins qu'il ne survienne
des causes de révocation ou de caducité.

L'époux ou les époux doivent en outre survivre au donateur.

Les institués n'ont plus en effet, la saisine, à partir de
la donation ; l'instituant conserve la faculté d'aliéner à
titre onéreux, le droit de l'institué ne devient certain,

_____

(1) Bonnet, *Traité sur le contrat de mariage.*

définitif, qu'au décès du disposant ; si le donataire prédécède, l'institution est caduque, à moins qu'il ne laisse à sa survivance des enfants nés du mariage à l'occasion duquel s'est produite la libéralité.

Comme le droit de l'institué ne se fixe qu'au décès du disposant, nous aurions décidé, avant la suppression de la mort civile, que le donataire devait être non-seulement vivant, mais *capable* à l'ouverture de l'institution.

Mais la condamnation à des peines afflictives perpétuelles n'a plus des effets aussi absolus.

L'art. 5 de la loi du 31 mai 1854 laisse au condamné l'aptitude à recueillir une succession.

La même faveur paraît avoir été étendue aux donations par contrat de mariage. « Quant aux donations par contrat de mariage (disait le rapporteur de la loi, M. Riché) faites à celui qui aurait été condamné depuis, elles seront exécutées, même les *institutions contractuelles*. »

Nous aurons à revenir bientôt sur cette question.

Quant aux institués du second degré, les enfants à naître du mariage, par une disposition toute favorable et exceptionnelle, il n'est pas nécessaire qu'ils soient vivants ou conçus au moment de l'institution. Il n'y a pour eux qu'une seule époque à considérer, l'ouverture du droit à leur profit. Sont-ils morts alors sans laisser de descendants, ils sont censé n'avoir jamais existé relativement à l'institution contractuelle.

Survivent-ils, au contraire, à l'époux donataire et à l'instituant, ils recueillent *jure proprio* les biens compris dans l'institution, comme l'aurait fait leur auteur.

L'institution comprend, dans le silence du contrat, les époux et les enfants à naître du mariage.

Mais tous autres que les époux et leurs enfants à naître sont incapables de recevoir par ce mode de disposition.

La donation de biens à venir est en effet prohibée en principe, aux termes formels de l'art. 943.

L'art. 1082 constitue une dérogation exorbitante à un principe fondamental, il faut donc le renfermer dans ses termes.

Et ce qui est prohibé par la loi l'est encore davantage, s'il est possible, par des moyens détournés que par des voies directes.

La clause d'association qui avait pour objet de faire participer des tiers au bénéfice de l'institution, est donc incompatible avec les principes du Code Napoléon. Cette clause était très-usitée dans l'ancienne jurisprudence qui l'admettait comme disposition subordonnée, comme *fidei-commis*. L'ancienne jurisprudence était elle-même contraire, sur ce point, à la pureté des principes : Les *contractants mariage* et *leurs enfants* étaient en effet les seuls qu'on pût instituer.

Faudrait-il considérer la clause comme non écrite, ou plutôt y voir une absence de disposition quant aux biens que le donataire principal doit transmettre au tiers?

Cette dernière interprétation nous paraît préférable ; le donateur a manifesté, en effet, la volonté de restreindre la vocation du donataire, et ses droits ne sauraient s'étendre ultérieurement contre l'intention du disposant.

Y aurait-il doute sur la volonté du disposant, qu'il devrait s'interpréter dans l'intérêt de la famille, que la loi préfère toujours aux donataires ou légataires?

Cependant, s'il résultait des circonstances que la clause n'est qu'une condition accessoire qui n'altère pas l'intégralité de la vocation, l'inefficacité en profiterait au donataire.

CHAPITRE III.

FORMES DE L'INSTITUTION CONTRACTUELLE.

L'institution contractuelle doit avoir lieu par contrat de mariage.

Ces sortes de donations sont, en effet, des libéralités exceptionnelles. L'art. 1082, qui les autorise, est une dérogation qu'on doit strictement renfermer dans le cas prévu. Or, l'art. 1082 n'autorise ces dispositions que par contrat de mariage.

En dehors du contrat de mariage, nous rentrons dans le Droit commun : les art. 943 et 1130 reprennent tout leur empire.

La tradition historique vient confirmer cette interprétation.

Le contrat de mariage remplaça de bonne heure les formalités symboliques de l'affatomie chez les Francs-Saliens, de la *tradition* ou de la *scripturarum series* chez les Francs-Ripuaires.

Le contrat de mariage resta si bien dans la suite le seul mode d'institution contractuelle, que les nobles étant seuls, au moyen âge, dans l'habitude de rédiger par écrit leurs conventions matrimoniales, par *eux seuls*, s'est conservée et nous est parvenue l'institution contractuelle.

Et plus tard, lorsque nobles et roturiers rédigèrent par écrit leur contrat de mariage, l'institution contractuelle eut également toujours lieu par contrat de mariage.

« La première condition de ces institutions, dit Lebrun, « est qu'elles soient faites par contrat de mariage. »

Meynard a exprimé la même idée d'une manière plus explicite.

« Il faut, dit-il, qu'elles soient faites *in continenti*, « *juxtà contractum matrimonium*, et ce, d'autant que la « faveur du contrat de mariage auquel elles se trouvent « unies, jointes et comme attachées, les fait et *rend légi-* « *times*, autrement injustes et réprouvées de droit. »

« Lamoignon dit aussi que les institutions contrac- tuelles, la déclaration de fils aîné et de principal héri- tier... sont valables, pourvu qu'elles soient faites par con- trat de mariage (1).

L'institution contractuelle qui serait faite avant ou après le contrat de mariage, même en vue du mariage, manquerait donc des formes prescrites et serait sans effi- cacité civile.

L'opinion contraire est une erreur certaine, malgré l'autorité des Merlin, des Toullier et de quelques autres jurisconsultes.

Mais la contre-lettre s'incorpore avec le contrat de ma- riage, s'identifie avec lui sous les conditions prescrites par les art. 1596 et 1597 ; aussi n'est-il pas douteux que

(1) Art. 2 du titre 39 des Arrêtés de Lamoignon.

l'institution contractuelle peut se faire dans la contre-lettre comme dans le contrat de mariage lui-même.

S'il est essentiel que l'institution ait lieu par contrat de mariage, cette condition nécessaire est en même temps suffisante. Les contrats de mariage qui renferment ces libéralités exceptionnelles restent soumis aux lois ordinaires du 25 ventôse an 11, sans aucun surcroît de garanties particulières.

L'art. 2 de la loi du 11 juin 1843, qui exige pour certains actes des formes plus solennelles et plus rigoureuses, n'est point applicable aux donations par contrat de mariage. Qu'ajouterait, en effet, la présence réelle de deux témoins, ou du notaire en second? L'institution contractuelle ne trouve-t-elle pas en elle-même, dans la présence contradictoire de deux familles, les plus sûres garanties? « Comme le disait le rapporteur de la loi, devant la chambre des Pairs, le contrat de mariage est un acte qui, par sa nature, exige plus que tout autre la non-intervention des tiers; là se débattent les intérêts des deux familles : c'est là que le secret de leur fortune, de leurs affaires les plus intimes est mis au jour; la situation elle-même le commande; mais il en résulte que l'on ferait violence à tous, si l'on exigeait, à peine de nullité, que de pareilles conventions fussent débattues en face d'un second notaire, ou plus souvent encore, de deux témoins.

Ces donations sont également affranchies de la solennité de l'acceptation (art. 1087).

La solennité de l'acceptation est d'ailleurs assez difficile à justifier, dans les donations ordinaires.

Elle a été introduite dans nos lois par l'Ordonnance de 1751, et dans le but avoué d'entraver les dispositions entre-vifs.

L'institution contractuelle, qui est en grande faveur, devait en être affranchie.

Sous l'ancien Droit, la donation de biens à venir s'identifiait aussi complètement avec le contrat de mariage. Dans les Coutumes où il était permis de rédiger les conventions matrimoniales en la forme sous seing-privé, la donation de biens à venir participait de la même faveur, même après l'Ordonnance de 1751, qui prescrivait, dans son article premier, que tous actes portant donation entre-vifs fussent passés devant notaire, et qu'il en restât minute à peine de nullité.

Mais le Code civil a fait du contrat de mariage un contrat solennel; il est absolument nul en la forme sous-seing privé. Cependant, si l'on admet que le dépôt chez un notaire par toutes les parties contractantes, d'un contrat de mariage sous-seing privé, dont les clauses sont substantiellement rapportées dans l'acte de dépôt, donne l'authenticité suffisante aux conventions matrimoniales; il en est de même pour l'institution contractuelle qui s'y trouve renfermée.

Mais sous l'empire d'une législation étrangère, qui range le contrat de mariage parmi les contrats consensuels, les conventions matrimoniales et l'institution contractuelle, en la forme sous-seing privé, devraient pleinement ressortir à l'effet.

On a prétendu, il est vrai, que la solennité d'un acte

était une condition intrinsèque de sa validité ; qu'elle ne comportait, par suite, aucune exception.

Mais les conditions internes sont les conditions d'état et de capacité ; rien de plus extrinsèque que l'intervention d'un notaire, de témoins, que toutes les formalités qui constituent la solennité d'un acte.

S'il en était autrement, l'ancienne maxime *locus regit actum* n'aurait bientôt plus aucune utilité. Cette maxime, qui fait en quelque sorte partie du droit des gens, est surtout nécessaire pour les contrats solennels. On peut, en effet, entre parties sachant signer, former en tous lieux un contrat consensuel.

L'institution contractuelle peut se faire par mandataire.

Dans ce cas, il est hors de doute, depuis la loi du 21 juin 1843, que le mandat doit être authentique. Il faut, en outre (art. 2), que le notaire en second et les témoins assistent à la lecture et à la signature de l'acte, que mention en soit faite à peine de nullité.

Nous pensons même qu'il doit en rester minute. La loi précitée met, en effet, sur le même rang, les actes portant mandat de donner et la donation elle-même ; la loi leur attribue la même importance, les entoure des mêmes garanties.

Il est à remarquer en outre, qu'en principe, les notaires doivent garder minute des actes qu'ils dressent ; que par exception seulement, pour les actes de minime importance, ils sont autorisés à les délivrer en brevet.

L'art. 993 fournit un argument *à fortiori* d'une valeur incontestable. S'il doit rester minute de la procuration portant pouvoir d'accepter une donation, il est bien plus nécessaire encore de garder minute d'un acte qui tend à dépouiller le donateur et ses héritiers légitimes.

L'autorisation donnée par le mari à sa femme, de consentir une donation, doit également être établie par acte authentique.

Mais le contrat de mariage qui contient une institution contractuelle, doit-il être soumis à la formalité de la transcription ?

Dans les principes purs du Droit germanique, la donation de biens à venir était actuelle, irrévocable dans le sens absolu de ces mots. Le donateur n'était plus après l'institution qu'un détenteur precaire et le donataire était au même instant investi de la propriété.

Mais en passant dans les coutumes l'institution contractuelle fut considérablement restreinte sous l'influence du Droit romain.

Le donataire n'était plus saisi puisque le donateur conservait la faculté d'aliéner à titre onéreux et de révoquer ainsi indirectement l'institution.

La nécessité de l'insinuation pouvait dès-lors être mise en question, et partagea en effet les auteurs. Auzauet, Ricard, Bougier, Fernand, Dupérier, Lemaitre, Bourjon, tenaient pour l'affirmative, tandis que Coquille, Lebrun, Ferrière, Laurière, Furgole, professaient l'opinion contraire.

Le législateur moderne a laissé la difficulté entière.

Il est certain qu'il a maintenu à l'institution contractuelle, son caractère de donation entre-vifs, et que les donations en principe sont soumises à la formalité de la transcription.

« Mais quoique les donations par contrat de mariage « appartiennent par leur genre aux donations entre-vifs, « elles n'en suivent cependant les règles qu'autant que « leur caractère particulier en comporte l'application. » (1)

Nous avons eu à constater des dérogations semblables aux règles des donations entre vifs. Cette nouvelle dérogation nous paraît aussi devoir être admise.

Comment faire, en effet, pour que la donation des biens à venir soit connue des tiers?

Il faut d'abord transcrire au bureau de la situation des biens présents du donateur au moment de l'institution; renouveler la transcription pour les échanges que peut faire indéfiniment le donateur; transcrire encore au fur et à mesure de chaque nouvelle acquisition.

Or, il y a là une impossibilité d'exécution, et le législateur ne saurait demander l'impossible.

La transcription n'aurait plus d'ailleurs qu'une utilité très-éloignée : à l'égard par exemple d'un second donataire qui pourrait être victime de fraude de la part du donateur, ou d'un héritier présomptif qui pourrait accepter la succession et encourir les poursuites des créanciers, alors qu'une institution contractuelle le désintéresse entièrement.

Cette doctrine est presque universellement admise par les auteurs comme dans la jurisprudence.

Il faut également décider que l'art. 948 n'est pas applicable à l'institution contractuelle.

(1) Demolombe.

CHAPITRE IV.

DES EFFETS DE L'INSTITUTION CONTRACTUELLE.

Nous traiterons d'abord des effets de l'institution contractuelle par rapport à l'instituant, et dans un second
paragraphe des effets de l'institution par rapport aux institués.

SECTION I.

Des effets de l'institution par rapport à l'instituant.

L'institution contractuelle produit encore des effets importants à l'égard du donateur.

Elle dépouille l'instituant de l'une des plus importan-
tes prérogatives du droit de propriété ; le disposant devient même inhabile à posséder dans la suite avec tous
les attributs de la propriété.

La propriété se compose, en effet, du droit de disposer
et de jouir ; l'aliénation temporaire de la jouissance laisse
même subsister le droit de propriété.

Mais qu'on démembre le droit de disposer, le *jus aba-
tendi* n'existe plus.

Or, par l'institution contractuelle le donateur a perdu
le droit de disposer à titre gratuit (art. 1085) ; il ne peut
plus gratifier personne, même ses plus proches parents,
de la quote-part la plus minime.

L'art. 1085 *in fine* réserve cependant au donateur la

formalité de disposer à titre gratuit pour *sommes modiques* à titre de *récompense* ou *autrement*.

La modicité des sommes données à titre particulier par l'instituant au préjudice de l'institué doit s'apprécier relativement à la fortune du donateur et aux circonstances particulières qui ont motivé la libéralité. La loi n'a tracé aucune règle à ce sujet; c'est une question de fait laissée entièrement à l'appréciation des tribunaux.

Les dispositions à titre particulier par l'instituant soulèvent une autre difficulté.

Si la libéralité à titre particulier est de beaucoup excessive ne faut-il pas l'annuler pour le tout?

Si le disposant a voulu révoquer indirectement l'institution, si la fraude est évidente et bien caractérisée, il n'y a pas seulement lieu de réduire la disposition, mais à l'annuler pour le tout.

La question de droit est aussi subordonnée à une question de fait.

Mais le donateur peut se réserver la faculté de disposer d'une certaine somme ou d'une certaine quotité. Si forte que soit la somme ou la quotité, l'instituant est libre alors d'aliéner à titre gratuit, comme il aurait pu le faire avant l'institution (art. 1086).

On admet même que l'instituant peut disposer d'un autre objet que celui spécialisé dans la réserve, pourvu que cet autre objet soit d'une valeur à peu près égale.

La réserve pourrait même être étendue à tous les biens. L'irrévocabilité de l'institution est sans doute bien secondaire; mais ne disparait pas. Une pareille institution ne pourrait, en effet être détruite par la simple manifestation de la volonté contraire. Pour la révoquer, il faut réaliser la condition résolutoire.

La réserve n'a pas pour objet de limiter l'institution, mais l'interdiction de disposer à titre gratuit. Il doit en être, dit Merlin (1), de cette réserve comme de la faculté que conserve tout instituant d'aliéner par vente, échange..... Or, cette faculté n'empêche pas que tous les biens qui se trouvent dans la succession, à sa mort, n'appartiennent à l'héritier contractuel : il doit en être de même pour les biens donnés avec réserve d'en disposer.

L'art. 1086 *in fine* dispose au surplus formellement que le donataire recueille en entier les biens dont le donateur n'a pas disposé.

Quant aux conditions purement potestatives, aux conditions *si voluero*, elles vicient l'institution, qui ne saurait valoir à aucun titre, ni comme donation, ni comme testament; car le testament est soumis à des formalités particulières, en l'absence desquelles il ne saurait ressortir à effet.

Si l'instituant perd en principe la faculté de disposer à titre gratuit, il conserve au contraire, sans aucune réserve, le droit de disposer à titre onéreux. L'art. 1083 a consacré sur ce point le Droit commun des pays coutumiers : la donation, dans la forme portée en l'art. 1082, sera irrévocable, en ce sens seulement que le donateur ne pourra plus disposer à titre gratuit, si ce n'est pour sommes modiques ou autrement. (Art. 1083.)

Il peut donc vendre, échanger, hypothéquer, aliéner même à rente viagère, tout ou partie de son patrimoine,

(1) *Répertoire de jurisprudence*, t. 15, *Institution contractuelle.*

Mais il faut supposer que ces actes ne renferment pas des libéralités indirectes, car les dispositions à titre gratuit sont interdites au donateur ; celles qui se cachent sous la dénomination mensongère d'un contrat à titre onéreux, comme celles qui s'accusent ouvertement. L'institué pourrait faire la preuve de la fraude par toute espèce de moyens.

Le donateur, nous l'avons vu, peut étendre indéfiniment la réserve de disposer, à titre gratuit, mais pourrait-il, à l'inverse, renoncer au droit de disposer à titre onéreux ; et renoncer pour les libéralités à titre gratuit au bénéfice de l'art. 1083 *in fine* ?

La négative nous paraît hors de doute ; à raison d'arguments que nous avons déjà produits.

Ces libéralités sont exorbitantes du Droit commun ; on on ne peut donc sortir des conditions et des limites mises par la loi à la donation des biens à venir. Renoncer au droit d'aliéner au titre onéreux, ou de faire des libéralités modiques, c'est créer une convention beaucoup plus rigoureuse que celle autorisée par la loi, c'est sortir des termes de la loi et encourir la sanction des art. 791, 943 et 1130.

Une pareille renonciation doit être considérée comme non avenue (art. 900).

SECTION II.

Des effets de l'institution à l'égard de l'institué.

Bien que le disposant conserve la faculté d'aliéner à

titre onéreux, l'institué est investi par la donation de droits importants.

L'institué acquiert *hic* et *nunc* sur les biens compris dans l'institution, un droit à terme et conditionnel dont l'ouverture est peut-être éloignée, mais certaine.

Les causes de révocation et de caducité sont en d'autres termes les seuls événements qui puissent faire évanouir le droit de l'institué.

Le droit des institués peut s'étendre à l'universalité de la fortune du disposant ou à une partie de cette universalité.

Mais peut-on donner au même titre des objets particuliers? Le législateur lui-même dit formellement qu'on peut disposer ainsi de tout ou partie du patrimoine; et le mot partie s'entend aussi bien d'objets particuliers que d'une universalité.

L'institué a-t-il la saisine?

Il ne saurait l'avoir au moment de l'institution puisque le donateur conserve la faculté d'aliéner à titre onéreux, qu'en outre le droit acquis à ce moment par le donataire n'est pas transmissible.

Le donataire ne saurait davantage avoir la saisine au décès du donateur.

Les seuls, en effet, auxquels la loi accorde la saisine, sont les héritiers *ab intestat* et les légataires universels, lorsqu'ils ne sont pas en concours avec des réservataires.

Néanmoins le donataire n'a pas à demander la délivrance aux héritiers du disposant.

Le contrat, dit M. Troplong, dans lequel l'institué puise la source de son droit, lui procure un investissement *conventionnel* ; lequel ne s'attache pas aux effets naturels du testament. Le légataire qui n'a pas contracté avec le défunt doit fortifier, par le concours des héritiers légitimes un titre qui n'est encore qu'unilatéral, il y a un lien synallagmatique, il ne reste plus rien à faire pour que la libéralité soit de plein droit opposable à sa succession.

Il faut excepter cependant l'hypothèse où l'institué n'aurait qu'un droit de créance ; en pareil cas, il faut bien recourir à l'art. 1155.

Nous décidons également que les institués ne sont pas tenus de dettes *in infinitum*.

Il n'y a que le continuateur de la personne du défunt, l'héritier légitime ou testamentaire qui n'est pas en concours avec des réservataires ; l'héritier saisi qui puisse être tenu des dettes *ultrà vires*.

Or, l'institué ne continue pas la personne du défunt, c'est un simple donataire, un successeur aux biens.

Mais tout détenteur d'une universalité active, répond *intra vires bonorum* de l'universalité passive.

C'est à ce titre et comme un héritier bénéficiaire (qualité qui lui est inhérente) que le donataire peut être actionné par les créanciers de la succession.

L'instituant peut se soustraire à toute action des créanciers par une renonciatio..

Cette faculté était consacrée par le droit commun des pays coutumiers, notamment par les coutumes de Bourbonnais et d'Auvergne. Et l'art. 1086 reconnaît implicitement le même droit au donataire.

S'il en était différemment, l'institution contractuelle

pourrait devenir un don très-onéreux ; car tel instituant peut être dans une bonne situation de fortune au moment de la donation et tomber plus tard en complète déconfiture.

Mais l'institué ne saurait renoncer utilement avant le décès du donateur, ni acquiescer dans l'intérêt des tiers à des libéralités qui diminueraient l'émolument de l'institution.

Ces conventions et autres analogues constituent en effet des traités sur successions futures, et tombent sous la sanction de l'art. 1130.

Il faut remarquer en outre que l'institution n'est pas limitée à l'institué; qu'elle comprend à moins d'exclusion les enfants à naître du mariage; que le donataire disposerait ainsi de droits qui ne s'ouvriront peut-être jamais à son profit.

Enfin, des révocations occultes faciliteraient des fraudes et des surprises à l'encontre de tiers qui contractent souvent sur la foi du contrat de mariage.

Que faut-il décider du droit d'accroissement?

Le droit d'accroissement est inapplicable en matière de donation, or l'institution contractuelle pour être une libéralité exceptionnelle n'en est pas moins une disposition entre-vifs.

Chaque fois que le législateur n'y a pas dérogé. Il faut appliquer à l'institution contractuelle les règles des donations.

CHAPITRE V.

DES CAUSES DE RÉVOCATION ET DE CADUCITÉ.

SECTION I.

Des causes de révocation.

Les donations entre-vifs ordinaires sont révocables pour ingratitude, inexécution des conditions et survenance d'enfants, lorsque le donateur n'avait aucun descendant vivant à l'époque de la donation.

Mais les libéralités exceptionnelles qui sont l'objet de cette étude, devaient être irrévocables nonobstant l'ingratitude du donataire ; car ces donations ne sont pas faites *intuitu personæ*, mais en vue du mariage, des enfants à naître de cette union ; or, le fait d'ingratitude est purement individuel.

« Hujus modi donationis commodum, dit Favor, non ei « tantum personæ acquiritur cui donatum est, conjugi « quoque et liberis ex eo matrimonio, etiam omnium ra- « tionem haberi æquum est. Unde est quod contactus ma- « trimonii non unius aut alterius personæ contractus « est, sed totius, familiæ et eorum omnium inter ques « agnationis et cognationis jura consequantur. »

Révoquer l'institution pour ingratitude, c'eût été punir les enfants parfaitement innocents de là faute de leur père, et tromper les attentes légitimes de deux familles qui n'avaient consenti peut-être au mariage qu'en considération de la donation ; aussi le législateur a-t-il dans l'art. 959 formellement affranchi la donation de biens à venir de cette cause de révocation.

Mais l'art. 959 est-il applicable lorsque ces libéralités interviennent entre époux ?

L'art. 959 ne distingue pas et il semble, à en juger par la lettre, qu'il comprend dans sa généralité, toutes les donations qui interviennent par contrat de mariage.

Mais l'esprit de la loi amène à une décision contraire.

Par les donations en faveur de mariage, le législateur ne pouvait entendre que les donations qui assurent l'avenir des époux et des enfants.

Il ne saurait encourager la vénalité dans le mariage.

Les donations qui favorisent le mariage dans le sens légal sont les libéralités qui émanent des tiers.

Si la libéralité est faite par un collatéral, un étranger, et qu'elle soit révoquée, la famille est trompée dans ses légitimes espérances et l'avenir des enfants gravement compromis.

Mais il en est tout différemment de la donation faite par l'un des époux à l'autre. Les enfants trouvent en excédant, dans la succession de l'un, ce qui est en déficit dans la succession de l'autre. L'avenir des enfants, loin d'être compromis, se trouve mieux assuré ; car la conservation de la fortune est mal garantie entre les mains du donataire indigne. L'époux ingrat lui-même trouvera souvent son intérêt bien entendu dans la révocation de la libéralité.

Des dispositions analogues du législateur confirment cette interprétation.

L'art. 299 édictait en effet que l'époux contre lequel était prononcé le divorce perdait tous les avantages que lui avait faits son conjoint.

Les conventions même du mariage sont annulées à titre de peine, contre l'époux ingrat. L'art. 1515 dispose en effet que l'époux contre lequel est prononcée la séparation de corps perd son droit au préciput.

Les biens compris dans l'institution qui est révoquée rentrent dans la succession du donateur, libres de toutes charges et hypothèques de la part de l'institué.

Les aliénations qui auraient été faites par le donataire sont également révocables, suivant la maxime *resoluto jure dantis, resolvitur jus accipientis.*

Mais la révocation pour cause d'ingratitude envers l'époux donateur n'aurait pas d'effet rétroactif.

SECTION II.

Des causes de caducité.

Dans les principes du Code Napoléon l'actualité de l'institution n'a rien d'absolu.

L'institué n'est donataire définitif qu'autant que son droit se consolide au décès du donateur, qu'il survit à ce dernier.

S'il prédécède, la donation est non avenue, à moins qu'il laisse à sa survivance des enfants nés du mariage à l'occasion duquel s'est produite la libéralité : « la donation de biens à venir est caduque, si le donateur survit à l'époux donataire et à sa postérité, dit l'art 1083. »

La vocation directe que puisent les enfants dans l'art. 1083, diminue les chances de caducité.

La mort civile était aussi, comme la mort naturelle, une cause de caducité de la donation de biens à venir lorsque le donateur ne laissait pas à sa survivance des enfants du mariage en faveur duquel l'institution avait été faite.

Mais la loi du 31 mai 1854 a aboli la mort civile.

La condamnation à des peines afflictives perpétuelles n'a plus des effets aussi absolus.

L'art. 3 de la nouvelle loi laisse au condamné l'aptitude à recueillir une succession.

La même faveur paraît avoir été étendue aux donations par contrat de mariage. M. Riché, rapporteur, s'exprimait ainsi : « Quant aux donations par contrat de mariage, à celui qui aurait été condamné depuis, elles seront exécutées, même les *institutions contractuelles.*

Le système opposé aboutit à une attribution inégale des biens compris dans l'institution entre les enfants de l'institué.

Il peut, en effet, survenir de nouveaux enfants au donateur après l'ouverture de l'institution, alors que les enfants déjà nés auraient recueilli et dissipé peut-être les biens donnés. La disposition est encore caduque si le mariage ne se réalise pas.

Cette cause de caducité est écrite dans l'art. 1088, mais il était à peine nécessaire que le législateur en fît l'objet d'une disposition formelle. La donation de biens à venir est souscrite, en effet, en vue, en contemplation du mariage ; le mariage en est donc une condition tacite.

Elle n'est même autorisée par la loi qu'à raison du mariage.

Mais le décès de l'instituant, avant le mariage, ne saurait être une cause de caducité. Le donateur a fait une disposition actuelle, irrévocable, subordonnée sans doute à la réalisation du mariage ; mais cette condition échéant, produit un effet rétroactif qui remonte à l'institution.

Quid juris, si l'instituant et l'institué meurent dans un même événement, on ne saurait recourir aux présomptions établies dans les art. 721 et 722. Ces présomptions ne concernent que les personnes qui sont appelées à se succéder réciproquement ; or, des présomptions légales sont de Droit étroit et ne sauraient s'étendre d'un cas à l'autre.

Il n'existe d'ailleurs aucune analogie ; car les articles précités sont placés au titre des successions *ab intestat*, alors qu'il s'agit, dans l'espèce, d'un donateur et d'un donataire.

Les héritiers du donataire sont donc soumis au Droit commun et doivent prouver, par les circonstances de fait, par les témoignages, la survivance de l'institué. Si ces preuves font défaut, ou sont insuffisantes, l'instituant et l'institué sont réputés morts en même temps, *non alteri supervixisse videtur.*

Si l'instituant et l'institué disparaissent sans donner de leurs nouvelles, les héritiers de l'institué ont également à prouver sa survivance (art. 136).

Lorsque l'institution est caduque, les biens qu'elle comprend restent dans la succession du donateur, libres de toutes charges et hypothèques du chef de l'institué, qui n'a jamais été propriétaire et n'a jamais pu les grever.

L'hypothèque légale de la femme du donataire ne saurait atteindre les biens qui étaient compris dans l'institution.

L'extension faite à ce cas, par quelques auteurs, de la disposition de l'art. 352 est une erreur évidente.

Lorsque l'institution est frappée de caducité, elle s'évanouit; elle est censée n'avoir jamais existé, et par suite, les donataires ou légataires postérieurs à l'institution peuvent recueillir le disponible tout entier, s'il leur a été donné ou légué.

CHAPITRE VI.

DE L'OUVERTURE DE L'INSTITUTION.

La mort civile du donateur, avant la loi précitée du 31 mai 1846, anticipait l'ouverture ordinaire de l'institution.

Le testament, au contraire, perdait toute efficacité, si le testateur était frappé de la mort civile : c'est qu'en effet le testament n'est, jusqu'au décès, qu'un simple sujet qui ne se réalise qu'à la mort et par la mort du testateur.

Mais la donation de biens à venir est au contraire actuelle, irrévocable; tout est consommé de la part du donateur, à l'instant même de l'institution.

Depuis la suppresion de la mort civile, l'institution ne s'ouvre plus que par la mort naturelle du disposant.

L'absence du donateur pourrait cependant être considérée comme un cas particulier d'ouverture. L'absence

n'est, en effet, qu'une présomption de la mort de l'instituant.

Mais l'institué ne peut prendre en pareil cas possession
des biens, que lorsque les chances de mort sont beaucoup
plus nombreuses que les probabilités de son existence ;
après le jugement déclaratif d'absence et en vertu d'un
jugement d'envoi en possession.

Il ne peut se comporter comme propriétaire qu'en
vertu d'un jugement d'envoi en possession définitif.

L'institution, nous l'avons vu, comprend dans le silence du contrat, deux degrés de donations, l'époux ou
les époux et les enfants à naître du mariage en faveur
duquel a été faite la donation.

Par suite, à l'ouverture de l'institution deux hypo-
thèses distinctes peuvent se présenter.

Ou l'institué du premier degré est encore en vie à l'ouverture de l'institution et alors il en recueille l'émolument : ces biens entrant dans son patrimoine, s'y con-
fondent pour être partagés indistinctement entre tous ses
héritiers.

Ou bien l'institué du premier degré est décédé avant
l'ouverture de l'institution et alors les institués du
deuxième degré, les enfants recueillent *jure suo* en leur
nom personnel, le bénéfice de l'institution.

Les petits enfants ou autres descendants recueille-
raient la part dévolue à leur auteur prédécédé.

Mais faut-il interpréter littéralement l'art. 1082, et
décider que le prédécès de l'institué est le seul événement
qui appelle les enfants à recueillir l'institution.

L'art. 1082 est sans doute une disposition exception-

8

nelle dont on ne peut étendre le sens. Mais il ne faut pas, non plus le restreindre.

Le législateur pour diminuer le plus possible les chances de caducité, présume dans le silence du contrat que les enfants sont substitués vulgairement aux époux.

Or, le substitué vulgaire recueille toutes les fois que l'institué du premier degré fait défaut pour quelle cause que ce soit.

Si l'art. 1082 ne parle que du prédécès de l'époux ou des époux ; c'est qu'en effet le prédécès est la cause la plus fréquente de caducité. La disposition a prévu le *plerùmque fit*, mais elle n'a rien de limitatif.

Il faut donc tenir pour certain que la renonciation de l'institué comme son prédécès donne ouverture au droit des enfants.

Duranton enseigne même que le droit des enfants s'ouvre par l'indignité de l'époux donataire.

Mais l'indignité est l'exclusion de la succession acquise ; cette peine n'est édictée qu'à l'encontre des héritiers légitimes.

La confusion sur ce point, entre le donataire et l'héritier légitime est d'autant plus étrange, que les donations en faveur de mariage ne sont pas révocables pour ingratitude, et qu'il existe la plus grande analogie entre les faits d'ingratitude et les faits qui constituent l'indignité.

APPENDICE.

Pour déterminer le préjudice porté au donataire par des dispositions ultérieures faut-il considérer le moment de l'institution ou le décès du donateur?

Soit l'hypothèse suivante : un père a quatre enfants; il réserve l'un d'eux à sa succession, on lui promet l'égalité; tous les frères de l'institué prédécèdent. S'il faut se placer à l'époque de l'institution, l'instituant a pu disposer de la moitié de ses biens.

S'il faut considérer au contraire le décès du donateur, le père n'a pu disposer à titre gratuit, si ce n'est pour *sommes modiques* (art. 1085).

La question a été jugée en ce sens par un arrêt du Parlement de Paris du 5 avril 1756.

Cette dernière interprétation nous paraît aussi devoir être admise sous le Code civil.

La quotité attribuée par le donateur est en effet de la *part héréditaire;* or, la part héréditaire n'est fixée qu'au décès du *de cujus*.

Jusqu'à cette époque, elle se resserre ou s'agrandit, suivant qu'il survient des co-héritiers ou que les co-héritiers existants prédécèdent.

Enfin, pareille institution est éventuellement universelle.

Il est une autre question importante dont nous dirons quelques mots :

Le mari peut-il disposer, par institution contractuelle, des biens de la communauté?

A l'égard de tous autres que l'enfant commun , le mari ne peut consentir sur les biens de la communauté que des libéralités mobilières à titre particulier et en pleine propriété (art. 1422).

Or, la donation de biens à venir laisse au donateur la jouissance jusqu'à son décès.

Par suite, le mari excède ses pouvoirs en disposant des biens communs par ce mode de transmission.

Mais la disposition est-elle nulle pour le tout?

Les restrictions de la loi tendent uniquement à protéger la femme.

Il nous paraît donc que la donation est valable à l'égard du mari et nulle à l'égard de la femme.

Que faut-il décider à l'égard des enfants communs?

L'art. 1422 autorise le mari à disposer, par donations entre-vifs, des biens de la communauté au profit des enfants communs.

Les biens de la communauté ne sauraient, en effet, recevoir une meilleure destination : le père qui dote un enfant remplit un devoir naturel aux deux : *dos filii aut filiæ est onus commune utriusque parentis* (1).

Or, l'institution contractuelle tend au même but que la disposition formellement autorisée par l'art. 1422, elle facilite le mariage, assure l'avenir des enfants.

Mais la donation de biens à venir est elle-même une disposition entre-vifs; tel est le caractère que nous lui avons reconnu au commencement de cette étude.

(1) Rapporté par Bonnet, *Contrats de mariage.*

L'art. 1422 est donc applicable à l'institution contractuelle.

Il est vrai que l'institution, comme le testament, ne s'ouvre qu'au décès de l'instituant.

L'actualité et l'irrévocabilité de la donation des biens à venir exclut toute assimilation avec l'acte de dernière volonté.

Enfin, quelle est la durée de l'action en nullité contre la donation de biens à venir?

Elle est imprescriptible jusqu'au décès du donateur.

La ratification expresse tomberait, en effet, sous la sanction des art. 791, 1150 et 1600.

Or, la prescription n'est qu'une ratification tacite qui ne saurait courir tant que la confirmation expresse est impossible.

Mais au décès du donateur, l'action passe aux héritiers de ce dernier, et devient dès-lors prescriptible.

Cette action dure trente ans.

L'art. 1304 est, en effet, inapplicable : le défunt ne saurait représenter ses héritiers dans les actes, à titre gratuit, où il les dépouille.

L'action des héritiers, dit M. Demolombe, procède de la loi et non du chef du défunt.

POSITIONS.

DROIT ROMAIN,

I. Après que les créanciers personnels de l'héritier ont été désintéressés, les créanciers du défunt qui ont demandé la séparation du patrimoine, peuvent subsidiairement recourir sur les biens de l'héritier;

II. Lorsque la plainte d'inofficiosité est admise à l'égard de l'un des héritiers et repoussée à l'égard de l'autre, partie de l'hérédité est dévolue aux héritiers légitimes et partie aux héritiers testamentaires.

Ce résultat s'explique par l'autorité de la chose jugée et ne constitue point une exception à la règle : *nemo pro parte testatus et pro parte intestatus decedere potest* (1).

III. Lorsque les héritiers légitimes concourent avec l'héritier institué partiellement par un militaire, les héritiers légitimes sont réputés eux-mêmes institués.

Ce concours des deux classes d'héritiers n'implique pas non plus une dérogation à la règle précitée : *nemo pro parte...* (2).

ANCIEN DROIT FRANÇAIS.

I. Aussitôt après la dissolution de la communauté, les

(1) M. Massol.
(2) M. Massol.

acquêts stipulés réversibles aux enfants à naître du mariage étaient frappés d'inaliénabilité.

II. Chaque époux avait néanmoins la faculté de disposer à titre gratuit, sur sa part d'acquêt, au profit de l'un des enfants.

III. Il n'était permis de disposer au profit d'un petit-enfant, qu'au cas où tous les enfants du premier degré étaient prédécédés.

DROIT FRANÇAIS.

I. Le droit de préférence que la séparation du patrimoine confère aux créanciers ne constitue pas un privilége proprement dit.

II. Les créanciers du défunt qui ont demandé la séparation des patrimoines peuvent actionner l'héritier, lorsqu'ils n'ont pas été désintéressés sur les biens héréditaires, mais après l'acquittement des dettes personnelles de l'héritier.

III. L'immeuble donné par un seul et même contrat et sans désignation de parts, au mari et à la femme, est propre pour moitié à chaque époux.

PROCÉDURE CIVILE.

I. L'existence d'un compromis ne saurait être prouvée par témoins.

II. Le compromis peut être établi par procès-verbal devant les arbitres, alors même que les parties ou l'une d'elles ne sache point signer.

III. Le notaire qui dresse acte d'un compromis ne peut être pris pour arbitre.

DROIT CRIMINEL.

I. L'action civile résultant d'un crime se prescrit par le même laps de temps que l'action criminelle.

II. Le jury est, dans certains cas, juge d'une question de droit.

III. La chose jugée au criminel ne saurait en principe influer sur l'action civile.

DROIT COMMERCIAL.

La clause fra d'avaries affranchit-elle l'assureur de l'avarie commune? — Distinction.

DROIT ADMINISTRATIF.

Le lit des rivières non navigables ni flottables appartient aux propriétaires riverains.

Les visas exigés par les réglements sont une garantie des principes et des opinions relatifs à la religion, à l'ordre public et aux bonnes mœurs (statuts du 9 avril 1825, art. 41); mais non des opinions juridiques dont la responsabilité est laissée aux candidats.

Le candidat répondra, en outre, aux questions qui lui seront faites sur les autres matières de l'enseignement.

Vu par le Président de la Thèse,
MASSOL (de M.).

Vu, pour le Doyen empêché,
le professeur délégué,
A. RODIÈRE.

Vu et permis d'imprimer :
Le Recteur,
ROUSTAN.

Cette Thèse sera soutenue, en séance publique, le mardi 28 juillet 1868, dans une des salles de la Faculté.

Toulouse. — Imprimerie de Rives et Faget, rue Tripière, 9.